ÉLÉMENTS DE PHONOLOGIE
ET DE MORPHOPHONOLOGIE
DES LANGUES BANTU

SÉRIE PÉDAGOGIQUE

DE L'INSTITUT DE LINGUISTIQUE DE LOUVAIN — 17

Clémentine Madiya FAÏK-NZUJI

ÉLÉMENTS DE PHONOLOGIE ET DE MORPHOPHONOLOGIE DES LANGUES BANTU

PEETERS
LOUVAIN-LA-NEUVE
1992

D/1992/0602/57   ISSN 0779-1658   ISBN 90-6831-440-8

© PEETERS   et Publications Linguistiques de Louvain
  Bondgenotenlaan 153   Place Blaise Pascal 1,
  B-3000 Leuven   B-1348 LOUVAIN-LA-NEUVE

Printed in Belgium

CILTADE

Centre international des langues, littératures et traditions d'Afrique au service du développement

Fondé en 1986 par Clémentine Madiya FAïK-NZUJI et Michel FRANCARD, tous deux Professeurs à l'Université Catholique de Louvain (Belgique), le CILTADE est une association à caractère scientifique et culturel, sans but lucratif, qui poursuit les objectifs suivants :

1. mettre au service du développement de l'Afrique tous les acquis positifs que présente la connaissance de ses cultures, langues, littératures, techniques, bref, les différentes expressions de sa pensée;

2. faire connaître l'Afrique et les Africains dans ce qu'ils ont de positif et d'enrichissant pour l'humanité;

3. répondre, par des études approfondies, aux questions d'ordre culturel et éducatif susceptibles d'ouvrir des voies nouvelles pour le développement général de l'Afrique, et pour sa participation, à titre d'égalité, aux avantages de la culture universelle et de la technologie moderne;

4. mettre en oeuvre les moyens humains et techniques nécessaires pour assurer non seulement la diffusion des résultats acquis, mais aussi et surtout leur intégration dans le développement global de l'Afrique;

5. constituer un dépôt des traditions à partir des données linguistiques et culturelles récoltées dans les milieux d'origine.

Le présent ouvrage est réalisé dans le cadre du programme **Introduction à la linguistique aficaine (ILA)** du CILTADE.

Du même auteur

Enigmes lubas-Nshinga. Etude structurale , Editions de L'Université Lovanium, Kinshasa, 1970.

Kasala, chant héroïque luba , Presses Universitaires du Zaïre, 1974.

Devinettes tonales, Tusumuinu, SELAF, coll. Bibliothèque de la SELAF, n° 56, Paris, 1976.

Symboles graphiques en Afrique noire, éditions Karthala, Paris, 1992.

La puissance du sacré. L'homme, la nature et l'art en Afrique noire, éditions De Boeck / La Renaissance du Livre, Bruxelles / Louvain-la-Neuve, 1992.

Collectif :
Anthroponymie afro-romane . Esquisse d'un projet (avec Willy Bal et Jan Daeleman), Max Niemeyer Verlag, Tübingen, 1991.

En préparation
Eléments de morphologie nominale des langues bantu.

Je dédie cet ouvrage à la mémoire
de mes anciens Professeurs
Leo STAPPERS (1918-1977),
et
Marcel KADIMA Kamuleta (1936-1988)
trop tôt disparus,
au contact de qui m'a été révélé
ce don essentiel reçu par l'Homme :
la *Parole*.

Abréviations utilisées

aug	augment
B	ton bas
C	consonne
ɗ	classe nominale
F	forme
H	ton haut
pl	pluriel
PN ou PN	préfixe nominal
PP ou pp	préfixe pronominal
PV ou pv	préfixe verbale
sg	singulier
SV	semi-voyelle
V	voyelle

REMERCIEMENTS

Jan DAELEMAN a partagé mes réflexions tout au long de la réalisation de cet ouvrage. Pour cette collaboration stimulante et pour la présentation qu'il a accepté d'écrire, qu'il trouve ici le témoignage de ma haute gratitude.

Ma reconnaissance s'adresse aussi à toutes les personnes qui, d'une manière ou d'une autre, ont encouragé ce projet. Je peux, à ce titre, citer mes collègues Jacques LEROT, qui a lu la première version du manuscrit, et Jean-René KLEIN, qui a lu cette dernière version. Leurs suggestions m'ont été d'une aide appréciable.

Présentation

Jan DAELEMAN, S.J .[*]

Clémentine Faïk-Nzuji, dont j'ai le plaisir de présenter ici le livre, a eu le rare privilège de pouvoir tirer profit d'une triple expérience d'enseignement universitaire assuré pour trois sortes de publics :

• à l'Université de Lubumbashi (Zaïre) où la plupart des étudiants parlent des langues bantu de l'Afrique centrale (de 1972 à 1978);

• à l'Université de Niamey (Niger) où les étudiants parlent des langues ouest-africaines (de 1978 à 1980);

• et à l'Université Catholique de Louvain à Louvain-la-Neuve (Belgique) où les étudiants, en majorité Européens, non seulement ne parlent pas de langues africaines, mais n'ont pas l'occasion de les entendre et donc ne sont familiarisés ni avec leurs structures ni avec leurs caractéristiques phoniques (depuis 1981).

Le cours de **Linguistique africaine** assuré par l'auteur dans cette dernière institution s'adresse à des étudiants de diverses disciplines dont certaines n'ont pas beaucoup de rapport avec les disciplines linguistiques.

Tout au long de sa carrière, l'auteur s'est donc trouvée et continue toujours à se trouver confrontée à un public très varié aussi bien dans sa répartition géographique que dans ses intérêts académiques.

Cette diversité du public à laquelle elle est ainsi familiarisée l'a naturellement menée à orienter son enseignement de manière à dégager des structures et du fonctionnement des langues africaines des notions sans doute élémentaires mais surtout essentielles. Son choix porte sur *la famille linguistique bantu* , qui recouvre environ les trois quarts de l'Afrique sub-saharienne.

Ainsi, sans entrer dans les spécificités de chaque langue et négligeant les préoccupations des spécialistes, l'auteur tente, à partir de nombreux exemples pris dans 53 langues, de faire ressortir ce qui est commun à cette variété de langues.

Le présent ouvrage n'est donc pas destiné aux spécialistes. Mais il pourrait les aider s'ils sont appelés à dispenser ce genre de cours à un public semblable.

La première partie, qui comprend trois chapitres, situe l'objet dans son cadre historique, en donnant un bref aperçu sur les débuts de la linguistique africaine scientifique et sur les classifications des langues africaines en général.

La deuxième partie aborde *la famille linguistique bantu* dont elle présente la répartition géographique et le classement des langues.

La troisième partie, qui est l'objet principal de ce volume, explique les caractéristiques phonologiques et morphophonologiques les plus spécifiques et les plus communes aux langues bantu.

La grande originalité de ce livre réside dans la quatrième partie, intitulée **Annexes et documents**, où l'auteur réunit quelques systèmes africains d'écriture, témoins du souci des Africains de fixer leurs propres langues, témoins aussi de leur respect pour celles-ci et pour leurs valeurs culturelles.

Outre ces systèmes d'écriture, l'auteur publie un document, réalisé par des linguistes zaïrois, où sont proposés quelques principes concrets pour une orthographe fonctionnelle des langues bantu du Zaïre. Diffusé sous cette forme, ce document peut rendre d'énormes services à des étudiants qui, sans être linguistes africanistes, utilisent cependant des langues africaines dans leurs études contrastives et comparatives (p. ex. théologie, philosophie, études romanes, études germaniques, etc.).

L'ouvrage s'achève sur des **Orientations bibliographiques** classées par chapitres.

C'est dire tout l'intérêt que présente cette publication et le service qu'il rendra tant aux étudiants qu'aux enseignants intéressés.

---

* Le Professeur Jan DAELEMAN est docteur en linguistique africaine. Il a enseigné la linguistique africaine à l'Université Lovanium de Kinshasa (1967-1971), puis à l'Université Nationale du Zaïre, Campus de Lubumbashi (1971-1980) et à la Katholieke Universiteit Leuven (1980-1982).

Première partie

Considérations générales

Les débuts de la linguistique africaine scientifique

Classification des langues africaines

Afrique politique

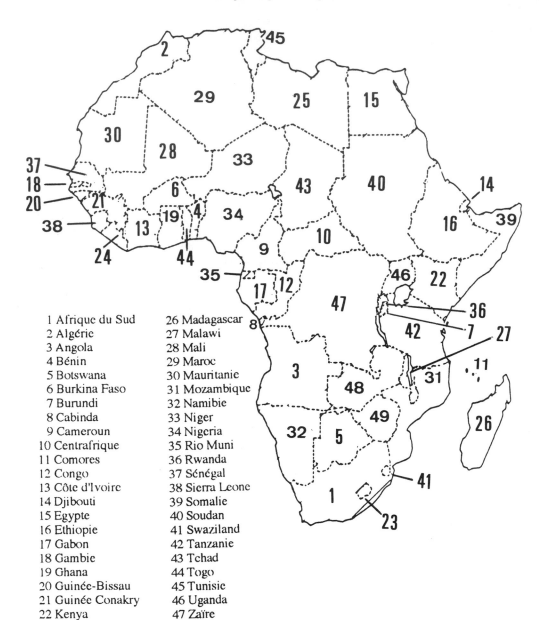

1 Afrique du Sud
2 Algérie
3 Angola
4 Bénin
5 Botswana
6 Burkina Faso
7 Burundi
8 Cabinda
9 Cameroun
10 Centrafrique
11 Comores
12 Congo
13 Côte d'Ivoire
14 Djibouti
15 Egypte
16 Ethiopie
17 Gabon
18 Gambie
19 Ghana
20 Guinée-Bissau
21 Guinée Conakry
22 Kenya
23 Lesotho
24 Liberia
25 Lybie

26 Madagascar
27 Malawi
28 Mali
29 Maroc
30 Mauritanie
31 Mozambique
32 Namibie
33 Niger
34 Nigeria
35 Rio Muni
36 Rwanda
37 Sénégal
38 Sierra Leone
39 Somalie
40 Soudan
41 Swaziland
42 Tanzanie
43 Tchad
44 Togo
45 Tunisie
46 Uganda
47 Zaïre
48 Zambie
49 Zimbabwe

Chapitre I

Les débuts de la linguistique africaine scientifique

1. Historique

C'est vers la deuxième moitié du XIXème siècle et surtout au début du XXème siècle que commencent à paraître des travaux sur les langues et les cultures africaines. Cet intérêt est suscité par la colonisation et le partage politique de l'Afrique entre différents pays européens.

En effet, pour des raisons aussi bien d'ordre pratique qu'idéologique, il était nécessaire pour l'Europe de connaître les langues et les cultures des populations de ce continent avec lequel elle allait désormais entretenir des relations étroites et diverses.

Les chercheurs orientèrent leurs travaux en fonction des motivations administratives, religieuses, commerciales ou autres justifiant leur présence sur le continent.

Ainsi, les missionnaires, comprenant que le message évangélique ne peut être compris et transmis qu'en langues locales, s'attelèrent à collecter des vocabulaires, à rédiger des dictionnaires, des grammaires et des manuels pratiques.

Des fonctionnaires coloniaux, dans le souci d'avoir des contacts directs avec les populations qu'ils administraient, se penchèrent plutôt sur des recherches à caractère ethnographique.

Tandis que les linguistes de formation, entraînés par l'intérêt suscité par la grammaire comparée des langues indo-européennes, orientèrent leurs travaux vers les études comparatives et les reconstructions historiques.

Quant à la répartition géographique de ces travaux, elle a essentiellement été conditionnée par la nationalité des chercheurs étant donné le partage politique des colonies.

Il en résulta que les missionnaires et les fonctionnaires allemands s'intéressèrent aux langues de l'Afrique du Sud : sesotho, kafir, isizulu, etc., aux langues et aux cultures du Kenya, du Togo et du Cameroun. Les Belges étudièrent les langues du Congo (actuel Zaïre), du Rwanda et du Burundi. Les Anglais, avec la collaboration de quelques linguistes Allemands, étudièrent les langues kushitiques et berbères du Nord de l'Afrique, les langues sémitiques d'Ethiopie, les langues nilotiques et paranilotiques du Soudan et de l'Est de l'Afrique, les langues bantu de l'Afrique orientale, centrale et australe, et une gamme très étendue de langues dites ouest-africaines: Nigeria, Ghana, Haute-Volta (actuel Burkina Faso). Les Français s'intéressèrent aux langues et aux cultures de l'Afrique centrale et occidentale: Sénégal, Guinée, Mali, Côte d'Ivoire, Niger, Haute-Volta (Burkina Faso), Tchad, Cameroun, Centrafrique, Congo, Gabon, etc.. Les Italiens étudièrent les langues dites afro-asiatiques: l'arabe parlé en Egypte, le berbère des oasis libyens, les langues sémitiques d'Ethiopie, les langues kushitiques, quelques langues des familles Congo-Kordofan et Nilo-Saharienne. Quant aux Portugais, dès le XVème siècle, ils recueillirent des éléments de vocabulaire sur la côte occidentale, dans le Royaume du Kongo et dans l'actuel Angola.

Dès le XIXème siècle, parallèlement aux collecteurs et descripteurs particuliers dépourvus de formation linguistique, plusieurs universités européennes ouvrirent des chaires d'enseignement des langues africaines.

A titre d'exemple citons l'Allemagne, où fut fondé le *Seminar für Orientalische Sprachen, S.O.S. (Séminaire pour les langues orientales)* , à Berlin en 1887 et à Hambourg en 1909. Assez rapidement, d'autres langues furent introduites dans l'enseignement. A partir de 1898, le *Séminaire pour les langues orientales* commença à publier une série de revues consacrées à l'étude des langues africaines :

• *Mitteilungen des Seminars für Orientalische Sprachen, M.S.O.S. (Communications)* en 1897;

• *Archiv für Kolonialsprachen (Archives pour les langues coloniales)* en 1898;

• *Zeitschrift für Afrikanische Sprachen, Z.A.S. (Revue pour les langues africaines)* en 1887-1890;

• *Zeitschrift für Afrikanische und Ozeanische Sprachen, Z.A.O.S. (Revue pour les langues africaines et océaniques)* en 1895-1898.

En Belgique furent créés, vers 1925, des enseignements de linguistique africaine dans les Universités de Gand et de Louvain. Sous le nom de *Bibliothèque Congo* , fut créée une collection ethnographique qui publia, de 1923 à 1939, trente cinq volumes. Trois revues consacrées aux disciplines sociales, dont la linguistique, furent également créées, l'une dans la colonie et deux en Belgique:

• *Aequatoria* à Coquilhatville (actuel Mbandaka), en 1937. Cette revue, qui disparaît en 1960, reparaît en 1981;

• *Kongo-Overzee* , à Gent en 1934 (disparaît en 1959);

• *Zaïre* à Leuven, en 1947 (disparaît en 1962).

En Angleterre, l'enseignement du kiswahili commença au King's College de Londres en 1895, et celui du hawsa, au Christ's College à Cambridge en 1896. En 1906, le hawsa fut également étudié au King's College à Londres. En 1917, le patronage des langues africaines fut confié à la *School of Oriental Studies* qui devint, en 1938, *The School of Oriental and African Studies (S.O.A.S.)* à la suite de la création d'un département distinct des langues et cultures d'Afrique : *Département d'Afrique* . En 1926 fut créé, parallèlement aux institutions universitaires, l'*Institut international des langues et cultures africaines* , connu plus tard sous le nom d'*International African Institute (I.A.I.)*. La revue *Africa* de l'I.A.I., créée en 1926, paraît encore de nos jours.

L'Afrique connut elle-même un essor linguistique dès la deuxième moitié du XIXème siècle. En effet, un grand nombre de travaux virent le jour au centre Saint-Joseph à Ngazobil, au Sénégal, et à Freetown, en Sierra Leone, au *Fourah Bay Institute* , fondé en 1827, (devenu plus tard *Fourah Bay College.*).

En Afrique du Sud, les Universités du Cap et de Johannesburg éprouvèrent très tôt de l'intérêt pour les langues africaines, plus spécialement pour les langues bantu. La revue *Bantu Studies* , devenue *African Studies* en 1942, paraît depuis 1926.

L'intérêt pour les langues africaines atteignit son apogée à partir de 1945. Plusieurs organismes et institutions scientifiques spécialisés furent créés dans divers pays d'Europe. On retiendra par exemple, pour l'Allemagne, la création de nouveaux instituts universitaires dans d'autres villes, notamment à Cologne en 1958, à Marbourg en 1962, à Mayence en 1974 et, depuis quelques années, une chaire de linguistique africaine est ouverte à Bayreuth.

En Belgique, le Musée Royal de l'Afrique Centrale (M.R.A.C.) de Tervuren ouvrit un service de linguistique africaine en 1950. Le Ministère des Colonies créa en 1951 une *Commission de Linguistique Africaine* pour l'étude des problèmes pratiques relatifs aux langues des colonies. L'Université de Louvain créa un cycle complet d'enseignement de linguistique africaine en 1952 et l'Université de Gand, en 1958. L'*Institut pour la Recherche Scientifique en Afrique Centrale (I.R.S.A.C.)* , créé en 1947 à Lwiro (Congo Belge), engagea en 1952 deux linguistes africanistes pour le Rwanda et le Burundi. L'Université Lovanium (actuelle Université de Kinshasa) et l'Université Officielle du Congo (actuelle Université de Lubumbashi), créées respectivement en 1954 et

1956, ouvrirent rapidement des sections de linguistique africaine. Mais l'accession de ces pays à l'indépendance freina l'intérêt de l'Etat belge qui, peu à peu, retira d'Afrique la totalité des chercheurs belges. La section *Linguistique Africaine* du Musée Royal de l'Afrique Centrale reçut cependant à cette époque une importante subvention destinée à l'étude comparative des langues bantu. Sous le nom de *Lolemi* (*Langue* en proto-bantu) est entrepris un important travail de dépouillement de toutes les langues bantu. Enfin, au Rwanda, l'*Institut pour la Recherche Scientifique en Afrique Centrale*, devenu l'*Institut National de Recherche Scientifique (I.N.R.S.)*, fit prospérer sa section de linguistique africaine en collaboration étroite avec la section du Musée de Tervuren. Mais, en 1962, l'Université de Louvain ferma sa section de linguistique africaine; tandis que l'Université Libre de Bruxelles créait en 1970 une licence de *Troisième cycle* en linguistique africaine et que l'Université de Louvain francophone de Louvain-la-Neuve remettait dans son programme un cours de linguistique africaine en 1981, et un cours de Littératures orales et cultures africaines en 1986.

En France, plusieurs organismes de recherche sont créés aussi bien dans la Métropole que dans les colonies. Citons entre autres l'*Institut Français d'Afrique Noire (I.F.A.N.)*, créé en 1936 à Dakar, au Sénégal, l'*Institut d'Etudes Centrafricaines (I.E.C.)*, de Bangui, l'*Office de la Recherche Scientifique et Technique Outre-Mer (O.R.S.T.O.M.)*, créé en 1943 à Paris. A partir de 1960, trois chaires de spécialités (fulfulde (peul), bantu, hawsa) sont créées à l'*Ecole Nationale des Langues Orientales Vivantes* à Paris pour remplacer l'unique chaire de *Langues africaines*, et une première chaire de linguistique africaine est créée à Aix-en-Provence. A partir de 1965, le C.N.R.S, fondé à Paris en 1939, et l'O.R.S.T.O.M. créent des formations de recherche ayant pour objectif la systématisation et la planification de la recherche dans divers domaines des langues et cultures africaines. On peut souligner dans ce cadre les recherches menées depuis 1966 par le *Département "Afrique" du Laboratoire de langues et civilisations à tradition orale (LACITO, LP 3-121du CNRS)* qui, tout en mettant l'accent sur les problèmes théoriques de la méthodologie d'enquête et de description linguistiques, s'attèlent à des descriptions systématiques de langues des régions du Tchad, de Centrafrique, du Cameroun et de bien d'autres.

En Grande-Bretagne, une *Commission* fut nommée en 1945 par le Gouvernement pour étudier les possibilités qu'offraient les Universités et Institutions anglaises pour l'étude des langues et cultures orientales, slaves, est-européennes et africaines. A l'issue de cette *Commission* , la recherche en linguistique fut renforcée au *Département d'Afrique* à la *School of Oriental and African Studies*. Des cours de langues africaines furent donnés aux fonctionnaires de l'enseignement public devant travailler en Afrique, aux officiers coloniaux en congé et dans le cadre de la formation des recrues du service colonial britannique.

Enfin il faut signaler qu'à cette époque, la Grande-Bretagne fut l'unique pays à faire participer les Africains à ses recherches et enseignements. On comptait en effet, en 1949, trois professeurs et neuf maîtres-assistants africains sur un total de vingt-deux enseignants. De plus, des bourses de deux ans furent accordées à des étudiants africains pour étudier la linguistique africaine.

Aux Etats-Unis, sont institués de vastes programmes de recherche sur les langues et cultures africaines. On peut notamment citer le *Foreign Service Institute* du Département d'Etat, qui s'est donné comme objectif la publication d'une série de *"basic courses"* diffusés dans tous les Etats; le *West African Languages Survey*, fondé en 1956, devenu plus tard *West African Linguistic Society (Société linguistique de l'Ouest africain)* dont les recherches de terrain ont, pendant cinq ans, donné lieu à une série de publications. En outre plusieurs universités américaines possèdent un département ou centre de recherche pouvant donner une formation complète en langues et cultures africaines.

Dans l'ex-Union des Républiques Socialistes Soviétiques, c'est au sein des différents instituts de l'Académie des Sciences de l'URSS et dans les universités que se poursuivent les recherches sur les langues africaines. On peut citer, à Moscou, le *Département des langues africaines* de l'*Institut des études linguistiques,* l'*Institut des études orientales* et l'Université de Moscou; à Leningrad (actuel Saint-Petersbourg), l'*Institut d'Ethnographie* et l'Université de Leningrad . Dans les deux universités, outre les recherches, sont assurés des enseignements de langues africaines telles que le hawsa, le kiswahili, le bambara, l'amharique... De plus, certains pays africains envoyent dans les universités soviétiques des étudiants pour préparer des thèses de doctorat, et d'autres pays, comme la Guinée et le Mali, ont, pendant plusieurs années, fait appel aux linguistes soviétiques pour les aider à résoudre leurs problèmes linguistiques.

Dans les pays africains, des centres de linguistique appliquée se développent et donnent des résultats satisfaisants. On connaît notamment les activités du *Centre de Linguistique Appliquée de Dakar (C.L.A.D.)* au Sénégal, de l'*Institut de Linguistique Appliquée (I.L.A.)* d'Abidjan en Côte d'Ivoire, du *Centre de Linguistique Théorique et Appliquée (CLA.)* de Yaoundé au Cameroun, du *Centre de Linguistique Théorique et Appliquée (C.E.L.T.A.)* de Lubumbashi et Kinshasa au Zaïre, et de bien d'autres sur le continent (Bénin, Burundi, Centrafrique, Congo, Burkina Faso, Mali, Mauritanie, Niger, Rwanda, Tchad, Togo, etc.). Plus récemment (1982), un *Centre International des Civilisations Bantu (CICIBA)* a été créé à Libreville, au Gabon, avec l'appui de l'U.N.E.S.C.O. et de quelques pays d'Afrique centrale. L'un des objectifs de ce centre est l'étude et la promotion des langues et des civilisations dites bantu.

Avant de terminer ce bref historique, il faut signaler que depuis plusieurs années, deux importants organismes, l'UNESCO (Organisation des Nations Unies pour l'éducation, la science et la culture) et l'ACCT (Agence de coopération culturelle et technique) réservent dans leurs programmes une large part à la promotion des langues et des cultures africaines.

On sait notamment que depuis plus d'une décennie, l'UNESCO se penche particulièrement sur
– les problèmes théoriques de la description des langues d'Afrique,
– les problèmes généraux de la classification des langues d'Afrique,
– la contribution de la sociolinguistique aux études du multilinguisme,
– les études sociolinguistiques des langues et des dialectes et les perspectives de leur développement;
et que depuis 1976, en collaboration avec des équipes nationales de spécialistes, l'ACCT publie et diffuse systématiquement des ouvrages réalisés dans le cadre de son **Programme de coopération linguistique** dont les principaux projets sont :
– Atlas Linguistique de l'Afrique Centrale,
– Lexiques Thématiques de l'Afrique Centrale,
– Atlas et Etudes Socio-linguistiques des Etats du Conseil de l'Entente,
– Promotion des langues Mandingue et Peul.

Les publications de l'UNESCO et de l'ACCT relatives aux langues africaines sont nombreuses.

Dans le même esprit, on peut souligner l'effort déployé par la Conférence des Ministres de l'Education des pays d'expression française (CONFEMEN) qui, en 1980, a lancé "un vaste projet tendant à mettre en lumière la dynamique [...] des langues nationales et d'effectuer un inventaire des expériences d'enseignement de, et/ou, en ces langues". L'enquête menée à ce sujet a abouti à la publication d'un ouvrage de synthèse intitulé *Promotion et intégra-*

tion des langues nationales dans les systèmes éducatifs Bilan et inventaire, Il s'agit là d'un excellent complément aux travaux linguistiques réalisés au cours de ces dernières années.

2. Les méthodes de la linguistique africaine

Les linguistes de formation ont, dès le début de leur intérêt pour les langues africaines, situé l'étude de celles-ci dans les courants des études linguistiques de leur époque. Deux grandes tendances se dégagent sur le plan méthodologique selon les écoles :
la linguistique historico-comparative
la linguistique descriptive .

LINGUISTIQUE HISTORICO-COMPARATIVE

La méthode comparative, qui apparut dans la première moitié du XIXème siècle avec le mouvement historique et anthropologique de l'époque, influença fortement la recherche linguistique. Les chercheurs s'en servirent dans le but d'affirmer, d'illustrer ou de contester les doctrines relatives au peuplement du continent africain et la répartition des langues qui y sont parlées. De fait, quatre théories divergentes, représentées essentiellement par quatre chercheurs, circulaient sur l'origine des langues et des peuples d'Afrique.

En ce qui concerne les langues, plus particulièrement les langues bantu du Cameroun, Th. CHRISTALLER soutenait que ces dernières étaient des langues bantu détériorées sous l'influence des langues des envahisseurs soudanais. Tandis que

G. A. KRAUSE affirmait que c'étaient des langues bantu en formation.

Quant à l'origine des peuples, R. LEPSIUS opposait les Hamites à peau claire aux Bantu négroïdes parlant des langues à classes nominales, alors que C. MEINHOF unissait dans une même famille Bantu et Hamites pasteurs parlant les langues à classes ou genre grammatical, en les opposant aux Noirs agriculteurs pourvus de parlers rudimentaires.

MEINHOF s'engagea à résoudre ces polémiques en étudiant les langues bantu à partir de la méthode des *correspondances* conçue d'abord pour les langues indo-européennes.

Les *correspondances* sont des coïncidences précises de formes grammaticales et lexicales attestées entre plusieurs langues à différents niveaux :
- voyelles
- consonnes
- complexes à nasales
- consonnes + voyelle antévocalique
- complexes à nasales + voyelle antévocalique
- quantité (suite de phonèmes identiques)
- tonalité.

Les *correspondances* sont régies par des *règles d'évolution* précises. Elles sont dites :

• *générales,* lorsqu'elles s'opèrent entre le proto-bantu et toutes les langues bantu actuelles;

• *particulières,* lorsque, dans un environnement donné, les pho-nèmes présentent une évolution régulière mais différente de celle attendue. La distribution géographique de ce type de *correspon-dances* est plus ou moins limitée;

• *conditionnées,* lorsque l'environnement dans lequel se trouvent les sons entraîne le changement de ceux-ci, soit par harmonie (nasale, vocalique, tonale), ou par assimilation (vocalique, consonantique), ou par attraction (vocalique, tonale), ou par scission (tonale).

Complétant les données fournies par W. H. I. BLEEK dans *A comparative grammar of South African Languages* (1862 et 1869), de ses propres données, MEINHOF reconstitua l'*Ur-Bantu* (ou le *Proto-Bantu*), langue originelle hypothétique à partir de laquelle auraient évolué les langues bantu actuelles. Il donna ainsi, dans *Grundriss einer Lautlehre der Bantusprachen* (1899), une liste de radicaux reconstruits au moyen d'un réseau de correspondances phoniques et par l'application de lois d'évolution précises.

Ci-après quelques exemples de reconstructions telles que les propose la méthode comparative. Ils font apparaître, d'une part la *parenté* des langues comparées, d'autre part l'*évolution phonétique* subie par les sons du proto-bantu.

langues et zones	thème **corps**	thème **sein**	radical **joindre**
isizulu (S.42)	-ɓìlìnì	-ɓélè	-ɓàmb-
orunyoro (J.11)	-bìrì	-béérè	-bàmb-
cílúba (L.31)	-bídí	-bèèlé	-bámb-
icibemba (M.42)	-ɓìlì	-ɓéélè	-ɓàmb-
kiswahili (G.42)	-wìlì	-wélè	-wàmb-

La comparaison des thèmes désignant "corps" et "sein", et du radical signifiant "joindre" dans les cinq langues ci-dessus permet la reconstruction des formes suivantes du proto-bantu :

*-BÍDÍ   ***-BÉÉDÀ**   ***-BÀMB-**

Il y apparaît que la consonne / ***b** / en positio n initiale a suivi, dans ces langues, l'évolution suivante :

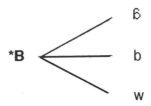

Par de remarquables travaux de comparaisons lexicale et grammaticale, et par des travaux de synthèse, la méthode comparative a permis d'aboutir à une classification satisfaisante des langues africaines et à une plus grande connaissance de leurs liens génétiques. Parmi ces travaux, on peut citer, à titre d'exemple:
- les études menées par L. HOMBURGER sur les langues bantu, qui ont abouti à l'ouvrage *Etude sur la phonétique du bantou (1914)* ;
- l'*Esquisse générale des langues de l'Afrique et plus particulièrement de l'Afrique française* (1914) de DELAFOSSE;
- l'initiative de L. de BOECK qui, se basant sur les travaux de JOHNSTON, applique dans les *Premières applications de la géographie linguistique aux langues bantoues* (1942), la méthode de la "géographie linguistique" préconisée par GILLIERON (*Atlas linguistique de la France,* 1902-1912) à l'étude des langues bantu;
- les études réalisées par J. H. GREENBERG. Elles ont pu démontrer les liens existant entre le groupe bantu et les différentes branches de la famille Niger-Congo, liens basés davantage sur les

ressemblances manifestes que sur les correspondances régulières;

- les travaux réalisés par M. GUTHRIE et réunis dans *Comparative Bantu* (1967-1971);

- les travaux du programme *Lolemi* de la section linguistique du Musée Royal de l'Afrique Centrale, à Tervuren, et notamment *Bantu grammatical reconstructions* (1967) et *Bantu lexical reconstructions* (1969) de A. E. MEEUSSEN;

- les travaux d'équipe des chercheurs du *Laboratoire des Langues et Civilisations à Tradition Orale (LACITO),* qui se poursuivent dans les universités et centres de recherche (CNRS) en France et dans les pays africains. Ces études se rapportent aux langues tchadiques, adamawa et oubanguiennes, aux langues des groupes bantu, ngbandi, zande, aux langues des Grassfields, du Soudan Central;

- les travaux plus récents, réalisés par G. MANESSY sur les langues gurunsi, les langues gurma, les langues oti-volta (1975) et sur le kurumfe, travaux qui ont abouti à une classification rationnelle de ces langues et à la reconstruction d'une proto-langue que l'auteur désigne par *proto-central;* etc.

LINGUISTIQUE DESCRIPTIVE

L'étude descriptive des langues africaines a très vite conduit à la réalisation de grammaires, lexiques et dictionnaires. Toutefois, les africanistes universitaires ont voulu dépasser ce stade en s'imposant une analyse précise des faits qui permet de dégager, de manière rigoureuse, les différentes structures de la langue étudiée en tant que système. Les méthodes de la description diffèrent selon les tendances linguistiques de l'époque, selon les écoles et selon les pays.

Les études descriptives des langues africaines analysent rarement une langue dans son ensemble. Les chercheurs se limitent généralement à un seul aspect qu'ils exploitent de manière exhaustive. Ainsi, plusieurs travaux présentent une analyse complète par exemple de la phonologie, ou de la morphologie, ou de la syntaxe... d'une langue, ou, plus précis encore, un point particulier de ces secteurs, comme par exemple les formes nominales ou verbales.

L'intérêt de cette méthode pour les langues africaines réside en ce qu'elle permet d'observer des faits précis importants susceptibles de passer inaperçus dans une étude globale, et aussi en ce qu'elle enrichit la démarche comparative en fournissant des données essentielles pour la différenciation ou le rapprochement des langues. Son danger reste cependant le risque de fragmentation des éléments de la langue alors que ce sont les différentes relations qu'entretiennent ces éléments entre eux qui font de la langue un système.

LES ECOLES

Avant de terminer ce bref historique, il faut rapidement évoquer les écoles les plus représentatives qui ont orienté les recherches linguistiques africanistiques, ainsi que quelques noms parmi les plus éminents qui ont marqué cette discipline dans ses débuts.

L'école allemande

Cette école a joué un rôle important dans l'étude scientifique des langues d'Afrique, aussi bien pour la méthode historico-comparative que pour la description. Ses figures les plus marquantes sont, entre autres :

• LEPSIUS K. R. (1810-1884). Il établit la première classification complète des langues africaines et résume toutes les connaissances de son époque sur la linguistique africaine dans *Die Völker und Sprachen Afrikas (Les peuples et langues d'Afrique)*, introduction à sa *Nubische Grammatik* (1880).

• LICHTENSTEIN M. H. K. (1780-1857). Premier à s'apercevoir, en 1808, de l'existence des préfixes qui caractérisent les langues bantu et renforcent leur unité fondamentale.

• MEINHOF C. (1857-1944) qui, avec un groupe de linguistes qualifiés et se basant sur les travaux de BLEEK, entreprend une comparaison systématique des langues africaines et fait paraître, en 1899 et 1910, *Grundriss einer Lautlehre der Bantusprachen (Précis de phonétique des langues bantu),* ouvrage dans lequel il reconstruit, selon la méthode des correspondances régulières, une langue bantu commune primitive, l'**Ur-Bantu** (ou le **Proto-Bantu**). En 1906, il donne les résultats de sa méthode dans *Grundzüge einer vergleichenden Grammatik der Bantusprachen (Caractéristiques principales d'une grammaire comparée des langues bantu)* , et fonde, en 1910, la revue africaniste la plus importante de cette époque : *Zeitschrift für Kolonialsprachen (Revue pour les langues coloniales).*

• WESTERMANN D. (1875-1956). Premier à se rendre compte que les études relevant généralement de la linguistique africaine ou de l'africanistique en général concernent l'homme africain dans sa totalité, avec tous ses aspects dont la langue est le moyen d'expression le plus significatif. Il propose donc l'élargissement du terme "africanistique" aux langues et cultures africaines. Les travaux de WESTERMANN s'étendent de 1911 à 1954, et sa plus grande contribution réside dans la recherche historico-comparative des langues soudanaises. Son oeuvre la plus importante, en collaboration avec H. BAUMANN et R. THURNWALD, est *Völkerkunde von Afrika* , publié en 1940 et traduit en français en 1948 sous le titre *Les peuples et les civilisations de l'Afrique*

L'école allemande a été à l'origine d'autres écoles, notamment en Afrique du Sud. On peut citer entre autres :

• BLEEK W. H. I. (1827-1875). Considéré comme "le père" de la linguistique bantu, car le premier à utiliser le terme *bantu* (en 1857) et à établir l'unité des langues de ce groupe, BLEEK poursuivit des recherches sur les langues parlées en Afrique du Sud dont les résultats sont publiés dans *A comparative grammar of South African languages* (1862 et 1869), qui fut le point de départ des travaux de MEINHOF.

• DOKE Clement Martyn (1893-1980). Il a publié de nombreuses monographies sur les langues de l'Afrique du Sud et introduit, dans les études bantuistes, une approche fonctionnelle inspirée des travaux des néo-grammairiens allemands. Ses principales réalisations sont *Bantu linguistic terminology* (1935), *Outline grammar of Bantu* (1943) et *The Southern Bantu languages* (1954).

L'école anglo-saxonne

Née sous l'impulsion de l'école allemande, l'école anglo-saxonne s'écarta peu à peu de celle-ci pour adopter la démarche préconisée par les Américains L. BLOOMFIELD et E. SAPIR. Cette école a donné des linguistes africanistes dont la qualité transparaît dans de remarquables grammaires et dictionnaires qu'ils ont réalisés. Quelques noms émergent parmi beaucoup d'autres :

• Malcolm GUTHRIE (1903-1972). C'est dans *Classification of the Bantu languages* (1948) que ce linguiste exceptionnel définit les critères de reconnaissance des langues bantu en classant celles-ci en zones et groupes linguistiques. Son oeuvre capitale, *Comparative Bantu languages . An Introduction to the Comparative Linguistics and Prehistory of the Bantu Languages,* est publiée en 4 volumes de 1967 à 1971.

• KOELLE Sigismun Wilhelm (1823-1902). Publie en 1854, à Londres, *Polyglotta Africana* (réédité à Graz en 1963), ouvrage qui comprend 283 vocables et phrases pris dans 156 langues, surtout d'Afrique Occidentale, et qui représente le document le plus important de la linguistique africaniste du XIXème.

• TORREND J. (1861-1936). Publie en 1891, à Londres, la *Comparative grammar of the South-African Bantu languages* , ouvrage dans lequel il dégage, de manière systématique, quatre caractéristiques des langues bantu : accord des préfixes, agglutination, différenciation des langues par les changements phonétiques, consonantiques plutôt que vocaliques, changements qui entraînent l'apparition de certains mots, dans la même langue, sous deux ou même trois formes différentes selon qu'ils sont combinés ou non avec une nasale.

• WARD C. Ida (1880-1949). Avec D. WESTERMANN, I.C. WARD publie, en 1933, le *Practical phonetics for students of African languages* , ouvrage de phonétique africaine qui fut le point de départ de la formalisation de l'orthographe des langues africaines.

L'école belge

Disciple de GUTHRIE et s'inspirant des démarches de BLOOMFIELD et de N. CHOMSKY, A. E. MEEUSSEN (1912-1978) fonde, dans la section linguistique du Musée Royal de l'Afrique centrale de Tervuren l'une des plus grandes écoles de comparatisme et de description bantuistes. De 1951 à 1970 il dirige la publication des travaux de linguistique africaine : 40 publications dont plusieurs de sa main tels que *Ombo* (1952), *Bangubangu* (1954), *Rundi* (1959). En 1963, avec un groupe de linguistes auxquels se sont ajoutés plus tard d'autres (Yvonne BASTIN, Louise BYNON-POLAK, André COUPEZ, Claire GREGOIRE, etc.), A. E. MEEUSSEN dirige *Lolemi* , un programme de dépouillement systématique des grammaires bantu. A. E. MEEUSSEN a laissé, en plus de nombreux articles, deux importantes reconstructions du proto-bantu : *Bantu grammatical reconstructions* (Afr. Ling. III, 1967, pp 79-121) et *Bantu lexical reconstructions* (1969, réédité en 1980).

Au delà des frontières, les activités de l'école belge se sont poursuivies au Zaïre, qui a fourni des linguistes de valeur aussi bien zaïrois que non zaïrois. A titre d'exemple :

• De BOECK L. B. (1914-1966). Premier africaniste qui, dans son ouvrage intitulé *Premières applications de la géographie linguistique aux langues bantu*   (1942),.essaie d'appliquer aux langues bantu les méthodes de la "Géographie linguistique".

• HULSTAERT G. (1900-1990). Missionnaire du Sacré-Coeur. Etudie le lomongo depuis son arrivée au Congo (Zaïre) et publie ses résultats sous diverses formes : *Le mariage des Nkundo* (1938), *Dictionnaire lomongo-français* (1957), *Proverbes mɔngɔ* (1958), *Grammaire du lɔmɔngɔ* (1961, 1965 et 1966). De 1938 à 1962 il est, avec E. BOELAERT, éditeur-rédacteur de la revue *Aequatoria.*

• KADIMA Marcel Kamuleta (1936-1988). Premier docteur zaïrois en linguistique africaine, M. KADIMA a consacré toute sa vie à la recherche en linguistique africaine, plus particulièrement à l'étude et à l'enseignement des langues bantu. Son œuvre la plus représentative est sa thèse de doctorat, soutenue à l'Université de Leiden, sur *Le système des classes en bantou.* (1969).

• STAPPERS Leo (1918-1977). Missionnaire de Scheut néerlandais, L. STAPPERS entreprend, après une sérieuse formation à l'école belge et à l'école anglaise, une étude systématique de plusieurs langues et littératures orales du Zaïre où il vivait. Ses travaux dans les universités du Zaïre ont influencé et continuent à influencer plusieurs générations de chercheurs africanistes aussi bien en Afrique qu'en Europe. En plus de nombreuses publications, L. STAPPERS a laissé plusieurs études intéressantes non publiées, notamment sur la phonétique historique bantu.

L'école belge a également influencé des recherches africanistiques aux Pays-Bas.

L'école française

Cette école fut en son début fort marquée par l'influence du linguiste A. MEILLET. Ses figures les plus représentatives sont, entre autres :
• DELAFOSSE Maurice (1870-1926). En 1914, M. DELAFOSSE publie dans *Esquisse générale des langues de l'Afrique et plus particulièrement de l'Afrique française* les résultats d'une vaste comparaison des langues Kwa. Les travaux de DELAFOSSE continuent encore de nos jours à inspirer beaucoup de recherches dans le domaine des reconstitutions.
• HOMBURGER Lilias (1880-1969). Publie, en 1914, *Etude sur la phonétique historique du bantou* , sa thèse de doctorat dans laquelle elle critique judicieusement les méthodes de MEINHOF, sans pour autant en remettre en question les résultats. Mais ses travaux ultérieurs, dont les *Langues négro-africaines et les peuples qui les parlent* (1941), n'ont pas la même qualité.

Autres recherches remarquables

A côté de ces différentes écoles en existent d'autres, où s'effectuent de sérieuses recherches linguistiques africanistiques. On peut citer, par exemple, l'école américaine, avec des chercheurs d'envergure tel J. H. GREENBERG (1915) qui, entre 1949 et 1954, fait paraître dans *Southwestern Journal of Anthropology* une série d'articles sur la classification des langues africaines. Ces résultats sont revus et présentés de manière systématique en 1955 dans *Studies in African linguistic classification* , développés et remaniés en 1963 sous le titre *The Languages of Africa*.

Mais l'intérêt pour les langues africaines ne s'est pas manifesté uniquement à partir du XIXème siècle ni dans des cadres structurés. Quelques noms isolés sillonnent l'histoire de cette discipline, parfois même plusieurs siècles avant l'intérêt des scientifiques. C'est ainsi qu'est connu aujourd'hui le nom de BRUGIOTTI (BRUSCIOTTUS) da VETRALLA (1601-1659), qui, en 1659, publia les premières relations portant sur une langue africaine, le kikóongo (H.16, Zaïre) : *Regulae quaedam pro difficillimi Congensium idiomatis faciliori captu ad grammaticae normam redactae (Quelques règles arrangées selon la norme grammaticale pour comprendre plus facilement la langue très difficile des Congolais).*

On peut également signaler , du côté africain :

– des penseurs anonymes qui, au cours des siècles, ont réfléchi sur leurs langues et sur la manière de les transcrire, en élaborant des systèmes d'écriture dont certains ont été conservés jusqu'à nos jours. En effet, on connaît, outre les écritures nubienne, éthiopienne et tifinagh (des Touareg), les alphabets magiques du Hodh du Sud de la Mauritanie, les inscriptions des grottes de Bamako et de Kita du Mali, les idéogrammes bambara et dogon, ainsi que tous les systèmes symboliques graphiques mis au point pour communiquer;

– d'autres chercheurs, isolés ou appartenant à une institution, dont les noms sont parvenus jusqu'à nous. Notamment :

• BOUABRE Bruly de Côte d'Ivoire, qui , en 1956, inventa l'écriture *bété* .

• CROWTHER Samuel Ajayi (1806-1891), qui fut le premier responsable africain du *Fourah Bay College,* à Freetown, en Sierra Leone, où il a réalisé plusieurs travaux sur la langue yoruba du Nigeria et dont la première grammaire yoruba date de 1843.

• DELOBSOM Dib (?). Ethnologue africain dont les travaux relatifs aux différentes cultures de l'Ouest-africain enrichirent la documentation linguistique.

• HAZOUME Paul (1906-?). Ethnologue africain dont les travaux ethnologiques inspirèrent plusieurs ethnologues étrangers et enrichirent la documentation linguistique.

• le sultan NJOYA du Cameroun, qui inventa, en 1895, à Foumban, l'écriture *bamun* .

• SENGHOR Léopold Sédar (1908), ancien Président de la République du Sénégal, écrivain et philosophe, qui s'est intéressé dès 1943 à l'étude des langues serer et wolof de son pays.

Enfin, aujourd'hui, la linguistique africanistique compte d'éminents linguistiques aussi bien en Afrique que sur d'autres continents. Ils ne peuvent être énumérés tous ici. Mais il est important de savoir que depuis quelques décennies, un nombre de plus en plus important de travaux sur l'Afrique permettent une connaissance de plus en plus approfondie et juste des langues et des cultures de ce continent.

Chapitre II

Classification des langues africaines

GRANDES FAMILLES LINGUISTIQUES

Dès le début de la linguistique africaine, plusieurs chercheurs se sont appuyés sur la méthode comparative dans le but de démontrer la parenté éventuelle qui existerait entre les langues. Les résultats en furent heureux ou peu satisfaisants selon les aires de recherche, la complexité et la diversité des langues concernées. Les détails des théories et des critères des différentes classifications ne seront pas évoqués dans le cadre de cette brochure. Mais il sera utile de savoir que le relevé le plus récent des langues africaines, réalisé par l'*Institut Africain International* de Londres indique que, selon les critères de différenciation des langues, l'Afrique comprendrait entre 1250 et 2500 langues pouvant donner lieu à de nombreux autres petits parlers. L'ensemble des parlers dérivant d'une même langue originelle constitue **la famille linguistique.**

Dans l'état actuel des connaissances, les langues africaines se répartissent en quatre grandes familles linguistiques. Il va de soi que cette classification, bien que se basant sur les résultats des recherches les plus récentes, restera toujours provisoire. D'une part, plusieurs études sont encore en cours actuellement; d'autre part, un grand nombre de langues ne sont pas encore étudiées, et enfin, même parmi les langues étudiées, le problème de la place de la plupart d'entre elles dans les familles linguistiques connues reste posé.

Afrique linguistique

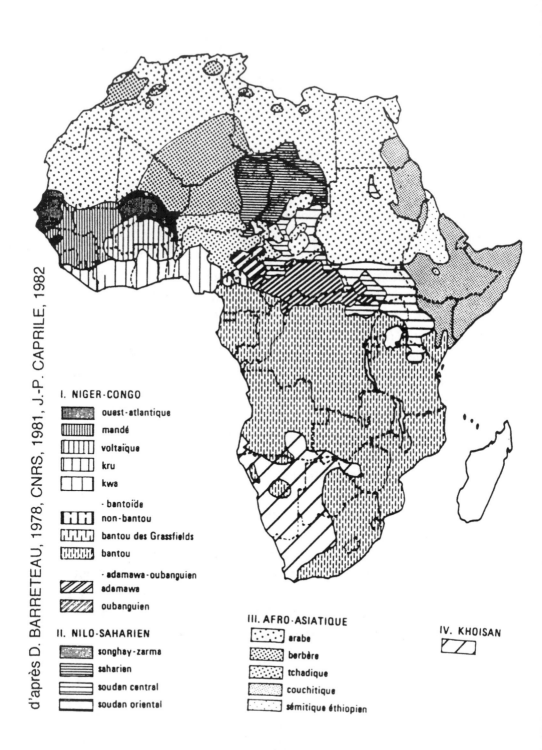

d'après D. BARRETEAU, 1978, CNRS, 1981, J.-P. CAPRILE, 1982

I. NIGER-CONGO

- ouest-atlantique
- mandé
- voltaïque
- kru
- kwa

- bantoïde
- non-bantou
- bantou des Grassfields
- bantou

- adamawa-oubanguien
- adamawa
- oubanguien

II. NILO-SAHARIEN

- songhay-zarma
- saharien
- soudan central
- soudan oriental

III. AFRO-ASIATIQUE

- arabe
- berbère
- tchadique
- couchitique
- sémitique éthiopien

IV. KHOISAN

1. Famille Chamito-sémitique ou afro-asiatique

Cette famille comprend les six branches suivantes :

A. *Sémitique :* parlers arabes du Tchad; Hassaniya parlé en Mauritanie, au Mali et au Maroc; langues et parlers sudarabiques parlés en Ethiopie et en Erythrée. P. ex. amarenya, ge'ez, adare, tigre, tegrennya, etc.

B. *Egyptienne :* égyptien ancien; parlers coptes.

C. *Berbère ou Libyque :* parlers de l'Afrique du Nord et du Sahara. P. ex. zenaga en Mauritanie, shil-ha dans le Sud-Marocain, les dialectes kabyles d'Algérie, etc.

D. *Kushitique :* parlers du Sud d'Aswan, entre le Nil et la Mer Rouge, et dans une partie de l'Ethiopie. P. ex. somali, oromo (galla), afar, etc.

E. *Omotique:* langues parlées dans la partie occidentale de l'Ethiopie; p. ex. manjo, bosha, kafa, etc.

F. *Tchadique:* langues parlées autour du lac Tchad, au Nord du Nigeria, au Cameroun et au Niger. P. ex. hawsa, kokoto, bata, hina, musgu, somrai, etc.

2. Famille Niger-Congo

Cette famille comprend les huit branches suivantes :

A. *Ouest-Atlantique :* langues parlées au Sénégal, en Gambie, en Guinée Bissau, dans la République de Guinée, en Sierra Leone et au Liberia. P. ex. fulfulde ou fula, wolof, serer, mandyak, mankanya, etc.

B. *Mande :* langues parlées au Mali, en Côte d'Ivoire, en Guinée, au Burkina Faso, au Sénégal, en Mauritanie, au Bénin, au Togo, au Niger, en Sierra Leone, au Liberia, en Guinée-Bissau, au Nigeria et au Ghana. P. ex. susu, soninke, khasonke, bamana, malinke ou mandinga, dyula, kpele, kweni, busa, etc.

C. *Gur ou Voltaïque :* langues parlées au Burkina Faso, au Ghana, au Togo, en Côte d'Ivoire, au Mali, au Bénin.

D. Kru :   langues parlées entre la Côte d'Ivoire et le Liberia, depuis Grand Lahou jusqu'à Monrovia. P. ex. gorbo, glaso, beleto, zehireku, etc.

E. Kwa :   langues parlées depuis la région des lagunes de Côte-d'Ivoire jusqu'au Togo. P. ex. , akan : twi, baule, abure; basila, fon, mina, yoruba, ewe, etc.

F. Adamawa-Oubanguienne : Cette sous-famille comprend les deux branches suivantes :

a Langues adamawa : parlées essentiellement au Nigeria, au Cameroun et au Tchad, avec quelques petits groupes en Centrafrique. P. ex. mumuye, mudang, tupuri, mbum, etc.

b. Langues oubanguiennes : parlées en Centrafrique, au nord du Zaïre et du Congo, dans l'est du Cameroun, dans le sud-ouest du Soudan et au sud du Tchad. P. ex. gbaya, manja, ngbaka, monjombo, ngbandi, zande (nzakara), etc.

G. Dogon: parlée au Mali et au Burkina Faso, cette langue pose des problèmes quant à sa place dans la classification. Des recherches sont encore en cours.

H. Benue-Congo : Cette sous-famille comprend les trois branches suivantes :

   a. Langues bantoïdes non bantu : parlées au Nigeria et au Cameroun. P. ex. bungu, kila, tiv, batu, etc.

   b. Langues bantu des Grassfields : parlées surtout au Cameroun et au Nigeria. P. ex. bamun, nsungli, ngwe, ndop...

   c. Langues bantu : parlées au Cameroun, au Congo, au Gabon, en Cabinda, au Zaïre, en Angola, au Rwanda, au Burundi, en Tanzanie, aux Comores, en Zambie, au Malawi, au Mozambique, au Swaziland, au Lesotho, au Botswana, au Zimbabwe, en Afrique du Sud. P. ex. lundu, mbo, lomongo, lingála, cílúba, kiswahili, kikóongo, bubi, kande, barma, ikinyarwanda, isizulu, isixhosa, cishona, etc.

3. Famille Nilo-saharienne

Cette famille comprend les quatre branches suivantes :

A. *Songhay-Zarma :* langues parlées essentiellement au Niger, au Mali, au Burkina Faso et dans une petite enclave du Bénin. P. ex. tadáksahak, tagdalt, tihéesit, zarma, songhay, etc.

B. *Saharienne :*   langues parlées dans la partie centrale et septentrionale du Tchad avec quelques îlots au Soudan, en Ethiopie, au Sud de la Libye, au Niger, au Nigeria et au Cameroun. P. ex. kanembu, tubu, zaghawa (kobe-kapka), kanuri, etc.

C. *Maba :* langues parées au Tchad et au Soudan, avec quelques îlots en Centrafrique; P. ex. bura-mabang, uled jemaa, karanga, etc.

D. *Chari-Nilotique*: : Cette sous-famille comprend les deux branches suivantes :
  a. *langues du Soudan central :* parlées au Tchad, au Zaïre, en Ouganda, au Soudan, en Centrafrique. P. ex. bongo, binga, baaka, gor, sara (ngama, nar), mangbetu, mamvu, lese, etc.
  b. *Langues du Soudan oriental :* parlées au Tchad et au Soudan. P. ex. tama, tamongobo, mararit, kibet, etc.

4. Famille Khoi-Sane

Cette famille comprend les trois branches suivantes :

A. *Langues boshimanes :* parlées par des populations de langues non-bantu enclavées dans les groupes de populations parlant des langues bantu qui vivent dans le désert du Kalahari, en Afrique du Sud.

B. *Langues hottentotes:* parlées également par des populations de langues non bantu de l'Afrique du Sud. Les langues des Hottentots (Khoi) et celles des Boshimans (San) comprennent plusieurs parlers répartis en trois zones géographiques : Sud, Centre, Nord.

C. *Langues hatsa et sandawe* : parlées en Tanzanie.

Famille Malayo-polynésienne

Langues parlées à Madagascar et dans les îles de l'océan Indien. De manière générale, ces langues sont rapprochées des langues africaines pour des raisons de proximité géographique. Elles appartiennent à la famille malayo-polynésienne.

Deuxième partie

La famille linguistique bantu

Carte. Langues bantu : glossonymes

Répartition géographique des langues bantu

Caractéristiques générales des langues bantu

Zones et groupes linguistiques bantu

Langues bantu

Glossonymes

Section linguistique du Musée Royal de l'Afrique Centrale, Tervuren

Chapitre III

Le domaine bantu

1. Répartition géographique des langues bantu

La comparaison d'un certain nombre de langues de l'Afrique du Sud a permis à W.H. BLEEK (*A Comparative grammar of South African languages, 1862*) de constater la parenté qui existait entre elles, notamment dans l'emploi quasi généralisé du thème substantival *-NTU* (sg *mu-ntu*, pl *ba-ntu*) pour désigner *l'être humain, la personne*. Dès 1857, il forgea à partir de ce thème le terme *"Bâ-ntu"* pour qualifier à la fois cet ensemble de langues apparentées *(groupe* ou *famille linguistique bantu)* et toute langue y appartenant *(langue bantu)*. D'où l'apparition de l'adjectif *bantu*. *Bantu* est donc un terme technique qui réfère uniquement à une réalité linguistique saisie dans son aspect scientifique.

Dans la classification des langues africaines, les langues bantu forment une branche de la sous-famille *BENUE-CONGO,* dans la famille *NIGER-CONGO*.

Bien que de nombreuses études soient encore en cours, l'atlas linguistique de l'Afrique fait apparaître que le domaine des langues bantu au sens étroit couvre :

• entièrement les pays suivants: Angola, Burundi, Gabon, Guinée Equatoriale, Iles Comores, Lesotho, Malawi, Mozambique, Rwanda, Swaziland, Tanzanie, Zambie, Zimbabwe;

• une très grande partie des pays suivants: Afrique du Sud, Botswana, Cameroun, Congo, Kenya, Nigeria, Ouganda, Zaïre;

• et quelques points dans les pays suivants : Centrafrique, Namibie, Soudan, Somalie.

On peut signaler, à côté des langues bantu proprement dites, l'existence, dans le nord-ouest du Cameroun et dans le sud-est du Nigeria, d'un groupe de langues dites *bantu des Grassfields* . Il comprend un certain nombre de langues non encore toutes inventoriées, qui forment deux branches:

1. la branche *Mbam-Nkam* , qui comprend quatre sous-branches de langues dont l'appartenance au groupe bantu est confirmée;

2. et la branche des langues des *Grassfields de l'Ouest* , qui comprend trois sous-branches de langues dont certains traits s'écartent des traits caractéristiques des langues bantu.

La relation entre ce groupe et le groupe bantu au sens étroit a pu être établie, grâce à la méthode lexicostatistique préconisée par SWADESH et appliquéé aux langues bantu par P. R. BENNETT et J. P. STERK (1977), K. WILLIAMSON (1971), L. BOUQUIAUX (éd. 1980) et le groupe de Tervuren (Y. BASTIN, A. COUPEZ, DE HALLEUX, 1983). Cependant, certains linguistes, par exemple B. HEINE et C. EHRET, continuent à n'admettre parmi les langues bantu que celles répertoriées par M. GUTHRIE (1948) et BRYAN (1959).

L'ensemble des langues bantu proprement dites et les langues bantu des Grassfields forment *le domaine bantu au sens large* .

Il existe également, au Cameroun et au Nigeria, un autre groupe de langues dites *bantoïdes non bantu* qui présentent quelques traits de ressemblances avec les langues bantu. Notamment le système de genres avec des préfixes nominaux et des accords pour certaines langues, et pour d'autres la présence de suffixes propres aux langues bantu. Ce groupe comprend deux branches: *mambila-wute* et *tiv-batu.*

Les résultats des travaux descriptifs, comparatifs et lexicostatistiques ont permis d'établir des critères objectifs pour la distinction ou le rapprochement des langues. Plusieurs classifications de langues bantu ont été proposées. Citons entre autres celles de W. H. BLEEK (1862), de LEPSIUS (1880), de J. GREENBERG (1948, 1963), de C. M. DOKE (1948; revue par D. T. COLE en 1969), de M. GUTHRIE (1948, 1967-1971), de M. A. BRYAN (1959), etc. Ces différentes classifications ont été revues, rectifiées ou corrigées par d'autres linguistes selon l'avancement des recherches dans l'aire linguistique de leurs intérêts. On peut citer ici en exemple les reconstructions grammaticales (1967) et lexicales (1969) de A. E. MEEUSSEN.

On trouvera une présentation historique complète des classifications dans l'*Inventaire des études linguistiques sur les pays d'Afrique Noire d'expression française et sur Madagascar* (1978, pp.123-185)), au chapitre consacré aux langues bantu par Y. BASTIN.

La classification qui sert actuellement de base de référence pour le domaine bantu est celle proposée par M. GUTHRIE (1948, 1970), compte tenu évidemment des modifications, des compléments d'informations et des précisions apportés par d'autres linguistes (M.A. BRYAN, 1959; J. DAELEMAN (notes personnelles); J. LEROY, 1978; J. VOORHOEVE, 1975; L. STAPPERS, 1953, 1964; A. COUPEZ, 1975; A. E. MEEUSSEN; etc.).

Ces contributions complémentaires ont entraîné, au sein de cette classification de Guthrie, le déplacement d'une zone à telle autre soit de langues soit de groupes entiers de langues. P. ex. le bangubangu, classé par Guthrie dans la zone D.27, est passé dans la zone L.27; le groupe kimbundu, qui était dans la zone H (H.20), est passé dans la zone K.70, l'ɛbɛɛmbɛ, classé jadis dans la zone D.50, passe dans D.21. La classification ci-après tient compte de ces modifications.

Se basant sur des critères morphologiques et phonologiques, GUTHRIE répartit d'abord les langues bantu en 16 zones (1948), puis réduit celles-ci au nombre de 15, en regroupant les zones S et T en une seule zone S. Mais les reconstructions de A. E MEEUSSEN et les contributions dont il est question plus haut permettent de ramener aujourd'hui le nombre de zones à **16.**

Les **zones linguistiques** sont des unités qui regroupent les langues qui présentent de fortes ressemblances. Elles sont codées en lettres majuscules : A, B, C, D, E, F, G, H, J, K, L, M, N, P, R, S et divisées en **groupes** qui, à leur tour, sont subdivisés en **sous-groupes**.

Les principales divisions de cette classification sont reprises ci-après, avec indication des noms des pays auxquels elles correspondent, telles que les mentionne Y. BASTIN dans l'ouvrage cité. Y sont ajoutées les modifications mentionnées.

2. Caractéristiques générales des langues bantu

Les traits distinctifs des langues bantu se situent à trois niveaux.

• *Le système supra-segmental*
Il s'agit des *tons* et de la *longueur phonémique* (durée ou quantité) dont il est question dans la troisième partie de cette brochure.

• *La congruence morpho-sémantique*
Les éléments de congruence se retrouvent à la fois dans les substantifs, dans les spatio-temporels (locatifs), dans les adjectifs,

dans les formes pronominales et dans les formes verbales. Ce sont :

– les préfixes nominaux (PN ou pn). Dans certaines langues, le préfixe est précédé d'un morphème appelé *augment* (aug), qui, selon les langues, ajoute au substantif une nuance de défini, d'indéfini, de connu, de déterminé, etc.

– les préfixes pronominaux (PP ou pp);

– les préfixes verbaux (PV ou pv).

Les éléments de congruence permettent aux formes (nominale, pronominale, verbale) de varier selon les besoins du locuteur. Les mots qui en sont dépourvus sont dits "formes invariables" parce que leur forme ne change pas quel que soit le contexte de leur apparition.

Les formes variables sont rangées en différentes classes suivant leurs éléments de congruence. La plupart des classes marquent l'opposition singulier / pluriel . Mais il existe des formes monoclasse. A chaque classe correspond un *préfixe*.

• *L'agglutination ou agglomération*

Les langues bantu sont *agglutinantes* ou *agglomérantes* ou *incorporantes* . C'est-à-dire que, dans ces langues, les différents rapports sont exprimés par l'union de deux ou de plus de deux éléments distincts qui ne forment plus qu'un seul mot. En d'autres termes, les rapports grammaticaux s'obtiennent par la juxtaposition des *affixes* à la racine substantivale (ou thème) ou à la racine verbale (ou radical). Ces affixes sont :

– *les préfixes :*   *devant* le radical ou le thème,

– *les infixes :*   *entre* le préfixe et le radical,

– *les suffixes :*   *après* la racine comme finale, ou entre la racine et la finale.

Les éléments de congruence (préfixes) et le phénomène d'agglutination forment le système de *radicaux polyvalents* , c'est-à-dire qu'un même thème peut modifier son sens grâce aux affixes qui lui sont apposés. En d'autres termes, les affixes ont le pouvoir de distinguer les mots. Prenons par exemple le thème -**NTU** en ikinyarwanda (J.61) :

Cl. - aug - pn + -NTU		sens
1. *(u)mu* -	umuuntu	être humain
2. *(a)ba* -	abaantu	êtres humains
7. *(i)ki* -	ikiintu	chose
8. *(i)bi* -	ibiintu	choses
12. *(a)ka* -	akaantu	petite chose
13. *(u)tu* -	utuuntu	petites choses
14. *(u)bu* -	ubuuntu	générosité, humanité
15. *(u)ku* -	ukuuntu	façon (de faire)
16. *(a)ha* -	ahaantu	endroit, lieu

L'exemple du verbe dans les langues bantu est aussi caractéristique. En effet, par ses affixes (préfixes, infixes, suffixes), il adopte certaines formes qui déterminent si on pose un acte ou si celui-ci est réciproqué, si on est dans un état déterminé ou si l'on met quelqu'un ou quelque chose dans cet état, si on pose un acte pour soi ou pour une autre personne, si on le pose seul ou avec d'autres personnes, si on détruit l'acte posé, etc.; et tout cela dans un temps déterminé, dans un espace déterminé, un nombre de fois déterminé, avec un nombre déterminé de co-actants, et avec ou sans résultat pour l'action posée.

3. Zones et groupes linguistiques bantu

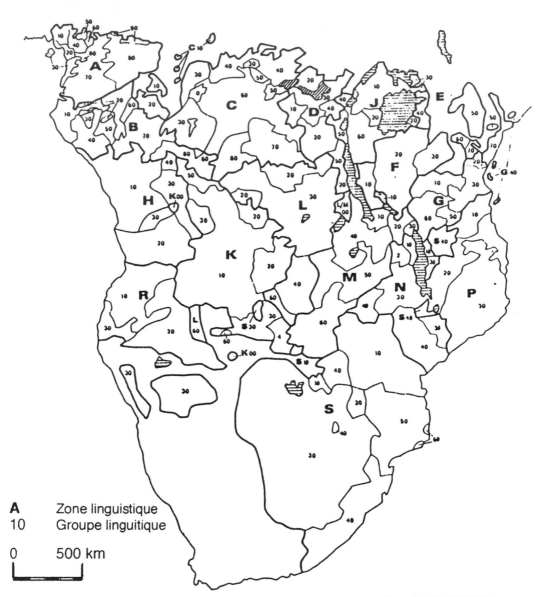

A   Zone linguistique
10   Groupe linguitique

0   500 km

d'après Y. BASTIN
Section linguistique du Musée Royal de l'Afrique Centrale, Tervuren

ZONE A : 9 GROUPES

A.10   Groupe lundu-balong: Cameroun
   5 Sous-groupes
A.20   Groupe duala: Cameroun
   7 Sous-groupes
A.30   Groupe bubi-benga: Cameroun, Gabon, Guinée
            Equatoriale, y compris l'île Bioko (Fernando-Poo).
   4 Sous-groupes
A.40   Groupe basa: Cameroun
   6 Sous-groupes
A.50   Groupe bafia: Cameroun
   4 Sous-groupes
A.60   Groupe sanaga: Cameroun
   3 Sous-groupes
A.70   Groupe ewondo: Cameroun, Congo, Gabon, Guinée
            Equatoriale
   5 Sous-groupes
A.80   Groupe makaa-njem: Cameroun, Congo, Guinée
            Equatoriale
   7 Sous-groupes
A.90   Groupe kako: Cameroun, Centrafrique
   3 Sous-groupes

ZONE B : 8 GROUPES

B.10   Groupe myene: Gabon
   Sous-groupe unique
B.20   Groupe kele (=a-kele): Congo, Gabon
   7 Sous-groupes
B.30   Groupe tsogo: Gabon
   3 Sous-groupes
B.40   Groupe sira: Congo, Gabon
   6 Sous-groupes
B.50   Groupe njebi: Congo, Gabon
   3 Sous-groupes

B.60   Groupe mbede: Congo, Gabon, Zaïre
      6 Sous-groupes
B.70   Groupe teke: Congo, Zaïre
      8 Sous-groupes
B.80   Groupe yanzi: Zaïre
      6 Sous-groupes

ZONE C : 8 GROUPES

C.00   Groupe ngando: Centrafrique
      (appartenance au bantu à confirmer)
C.10   Groupe ngundi: Centrafrique, Congo, Zaïre
      6 Sous-groupes
C.20   Groupe mboshi: Congo
      7 Sous-groupes
C.30   Groupe bangi-ntomba: Zaïre
      7 Sous-groupes
C.40   Groupe ngombe: Zaïre
      5 Sous-groupes
C.50   Groupe kele (=lo-kele): Zaïre
      6 Sous-groupes
C.60   Groupe mongo: Zaïre
      8 Sous-groupes
C.70   Groupe tetela: Zaïre
      5 Sous-groupes
C.80   Groupe bushong: Zaïre
      3 Sous-groupes

ZONE D : 5 GROUPES

D.10   Groupe enya : Zaïre
      3 Sous-groupes
D.20   Groupe lega-kalanga : Tanzanie, Zaïre
      5 Sous-groupes
D.30   Groupe bira-huku: Ouganda, Zaïre
      6 Sous-groupes

D.40 Groupe nyanga: Zaïre
1 Sous-groupe
D.50 Groupe bemba: Zaïre
2 Sous-groupes

ZONE E : 4 GROUPES
E.40 Groupe logoli-kuria: Kenya, Tanzanie
7 Sous-groupes
E.50 Groupe gikuyu-kamba: Kenya, Tanzanie
6 Sous-groupes
E.60 Groupe caga: Tanzanie
5 Sous-groupes
E.70 Groupe nyika: Kenya, Tanzanie
4 Sous-groupes

ZONE F : 3 GROUPES
F.10 Groupe tongwe: Tanzanie
3 Sous-groupes
F.20 Groupe sukuma-nyamwezi: Tanzanie
5 Sous-groupes
F.30 Groupe nyilamba-langi: Tanzanie
5 Sous-groupes

ZONE G : 6 GROUPES
G.10 Groupe gogo: Tanzanie
2 Sous-groupes
G.20 Groupe shambala: Tanzanie
4 Sous-groupes
G.30 Groupe zigula-zaramo: Tanzanie
9 Sous-groupes
G.40 Groupe swahili: Iles Comores, Kenya, Somalie,
Tanzanie, Zanzibar
4 Sous-groupes
G.50 Groupe pogoro: Tanzanie

2 Sous-groupes

G.60   Groupe bena-kinga: Tanzanie
7 Sous-groupes

ZONE H : 3 GROUPES
H.10   Groupe kongo: Angola, Cabinda, Congo, Zaïre
7 Sous-groupes
H.20   Groupe yaka: Angola, Zaïre
5 Sous-groupes
H.30   Groupe hungana: Zaïre
1 Sous-groupe

ZONE J : 6 GROUPES
J.10   Groupe nyoro-ganda: Ouganda, Rwanda, Zaïre
5 Sous-groupes
J.20   Groupe haya-kwaya: Tanzanie
5 Sous-groupes
J.30   Groupe masaba-luyia: Kenya, Ouganda
6 Sous-groupes
J.40   Groupe konzo: Ouganda, Zaïre
2 Sous-groupes
J.50   Groupe shi-havu: Zaïre
7 Sous-groupes
J.60   Groupe rwanda-rundi: Burundi, Rwanda, Tanzanie
4 Sous-groupes

ZONE K : 7 GROUPES
K.10   Groupe cokwe-lucazi: Angola, Zaïre, Zambie
9 Sous-groupes
K.20   Groupe salampasu-ndembo: Angola, Zaïre, Zambie
3 Sous-groupes
K.30   Groupe kwangwa: Namibie, Zambie, Zimbabwe
8 Sous-groupes
K.40   Groupe subia: Botswana, Zambie

2 Sous-groupes
K.50   Groupe mbala: Zaïre
4 Sous-groupes
K.60   Groupe dcireku
Sous-groupe unique
K.70   Groupe mbundu: Angola
4 Sous-groupes

ZONE L : 4 GROUPES
L.20   Groupe songye: Zaïre
6 Sous-groupes
L.30   Groupe luba: Zaïre
5 Sous-groupes
L.40   Groupe kaonde: Zaïre, Zambie
Sous-groupe unique
L.60   Groupe nkoya: Zambie
2 Sous-groupes

ZONE M : 6 GROUPES
M.10   Groupe rungu: Tanzanie, Zambie
4 Sous-groupes
M.20   Groupe nyika-safwa: Tanzanie, Zambie
7 Sous-groupes
M.30   Groupe nyakyusa: Malawi, Tanzanie, Zambie
Sous-groupe unique
M.40   Groupe bemba: Zaïre, Zambie
3 Sous-groupes
M.50   Groupe bisa-lamba: Zaïre, Zambie
5 Sous-groupes
M.60   Groupe lenje-tonga: Zambie
4 Sous-groupes

ZONE N : 4 GROUPES
N.10   Groupe manda: Malawi, Tanzanie

4 Sous-groupes

N.20   Groupe tumbuka: Malawi, Zambie
Sous-groupe unique

N.30   Groupe nyanja: Malawi, Mozambique, Zambie
Sous-groupe unique

N.40   Groupe senga-sena: Mozambique, Zambie, Zimbabwe
6 sous-groupes

ZONE P : 3 GROUPES

P.10   Groupe matumbi: Tanzanie
5 Sous-groupes

P.20   Groupe yao: Malawi, Mozambique, Tanzanie
5 Sous-groupes

P.30   Groupe makuwa: Malawi, Mozambique, Tanzanie
4 Sous-groupes

ZONE R : 3 GROUPES

R.10   Groupe mbundu-Sud: Angola
4 Sous-groupes

R.20   Groupe ndonga: Angola, Namibie
4 Sous-groupes

R.30   Groupe herero: Namibie
Sous-groupe unique

ZONE S : 6 GROUPES

S.10 Groupe shona: Botswana, Mozambique, Zimbabwe
6 Sous-groupes

S.20   Groupe venda: Afrique du Sud, Zimbabwe
Sous-groupe unique

S.30 Groupe sotho-tswana: Afrique du Sud, Botswana,
Lesotho,   Zambie, Zimbabwe
4 Sous-groupes

S.40 Groupe nguni: Afrique du Sud, Malawi, Swaziland,

5 Sous-groupes

S.50 Groupe tswa-ronga: Afrique du Sud, Mozambique, Zimbabwe

4 Sous-groupes

S.60   Groupe copi: Mozambique

2 Sous-groupes

Troisième partie

Eléments de phonologie

et

de morphophonologie

Eléments articulatoires

Système segmental

Procédés supra-segmentaux

Eléments de morphophonologie

Morphophonèmes segmentaux

Morphophonèmes supra-segmentaux

Chapitre IV

Eléments articulatoires

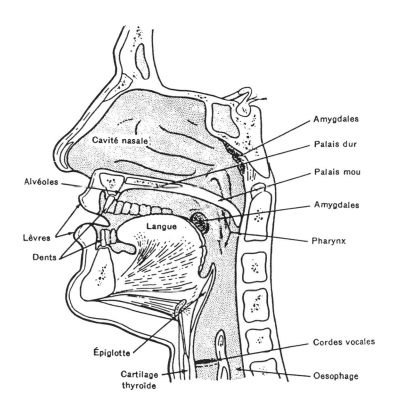

SCHEMA DES PRINCIPAUX ORGANES DE LA PAROLE
(P. B. DENES et E. N. PINSON, *La chaîne de communication verbale.*
Physique et Biologie du Langage , Les Laboratoires du Téléphone Bell,
Montréal, 1963, p. 46).

1. Système segmental

SYSTEME VOCALIQUE

Quand un son produit par l'appareil phonateur passe sans rencontrer d'obstacle dans le canal vocal, il est appelé *voyelle*. Les voyelles se distinguent par :
le degré d'aperture,
la position de la langue et
l'arrondissement des lèvres.

Il faut entendre

• par *degré d'aperture* , la distance entre l'organe articulateur et le lieu d'articulation au moment de l'émission d'un son. Le système vocalique bantu comprend quatre degrés d'aperture;

• par *position de la langue* , la place et la forme que prend la langue au moment de l'émission d'un son. Dans le système vocalique bantu, le déplacement de la langue dans la bouche est caractérisé par trois positions: le déplacement de la partie antérieure du dos de la langue vers la région pré-palatale permet de former les *voyelles antérieures* ; la direction de la partie postérieure de la langue vers la région post-palatale et vélaire permet l'émission des *voyelles postérieures* ; et le déplacement de la partie centrale de la langue vers le milieu du palais permet la formation des *voyelles centrales* ;

• par *arrondissement des lèvres* ou *labialité* , la forme arrondie que prend la bouche lorsque le sujet parlant projette ses lèvres vers l'avant, formant ainsi entre celles-ci et les dents une cavité modifiant le son émis pour certaines voyelles.

D'après ces critères, l' *Institut International Africain* de Londres a établi le tableau le tableau des voyelles ci-après selon l' *Alphabet International Africain* :

TABLEAU DES VOYELLES

Degré d'apert.	VOYELLES								
	antérieures			centr.		postérieures			
1er	i	ii						u	uu
2er		e	ee				o	oo	
3e			ɛ	ɛɛ		ɔ	ɔɔ		
4e				a	aa				

On distingue, parmi les langues bantu actuelles :

• des langues à 7 voyelles (i, e, ɛ, a, ɔ, o, u) peuvant être longues ou brèves avec valeur distinctive. Par exemple: lingála (C.36d), ɛnya (D.14), kinyamituku (D.13), ɔtɛtɛla (C.71), kileega (D.25), etc. Par exemple : en lɔmɔngɔ (C.61) :

elélé	eau stagnante
ɛlélɛ́	voracité, gourmandise
lofoso	peau

bɔfɔsɔ	bruit
bokongo	copalier
bɔkɔngɔ	dos

• des langues à 5 voyelles (i, e, a, o, u) pouvant également être longues ou brèves avec valeur distinctive. Par exemple: kiswahili (G.42), cílúba (L.31), kikóongo (H.16), ikinyarwanda (J.61), mashi (K.34), kisanga (L.35), kisongye (L.23), etc. Dans ce système, la distinction entre les voyelles du 2e et du 3e degré n'est pas pertinente.

Il faut signaler, en dehors de ces deux systèmes qui sont les plus répandus, l'existence de systèmes vocaliques plus complexes, mais qui, dans le domaine bantu, n'ont été relevés que dans quelques langues isolées, ou dans quelques petits groupes de langues. Citons entre autres les traits suivants:

Voyelles nasales. La nasalisation apparaît comme un fait phonologique dans quelques langues bantu. Par exemple: eleko (C.36g), bajele (A.81), bubi (A.31), umbundu (R.11), et dans certaines langues du groupe teke (B.70).

Voyelles antérieures arrondies ou *centrales*. Dans certaines langues du nord-ouest du domaine bantu. Par exemple: konzime (A.86a), küküya (B.77a).

Dédoublement du système de base à 5 voyelles: par l'introduction d'un trait pertinent particulier, à savoir l'avancement ou le non-avancement de la base de la langue. Ce système à 10 voyelles, très rare dans le domaine bantu, - p. ex. konzime (A.86a), tunɛn (A.44), basaa (A.43) et kinande (J.42) -, est fréquent dans la famille Niger-Congo hors bantu.

Quelques langues de la zone B, comme le yisangu (B.42), présentent un système à 6 voyelles, dans lequel la voyelle ouverte est considérée comme une voyelle centrale : i, e, ɛ, a, o, u; d'autres encore , comme l'imbuun (B.87), un système à 10 voyelles :

i   u

e   ø   ə   o

ɛ   œ   ɔ
       a

SYSTEME CONSONANTIQUE

Quand un son produit par l'appareil phonateur rencontre un obstacle quelque part au moment de sa production, il est appelé *consonne*.

Les consonnes se distinguent et se définissent par ces trois critères :

le point d'articulation :   lieu de l'obstacle;
le mode de formation :   nature de l'obstacle;
l'activité du larynx :   voisement ou sonorisation.

Voici, à titre d'exemple, quelques consonnes du swahili (G.42) :

adimu	(d, m)	rare
afa	(f)	danger
bongo	(b, n, g)	cerveau, cervelet
dahari	(d, h,r)	toujours, constamment
haswa	(h, s)	testicules
mpapindi	(m, p, n, d)	palmier, paume

| zulizuli | **(z, l)** | vertige |
| kuzuzwa | **(k, z)** | rendre sot, mystifier |

LES SEMI-VOYELLES ou *SEMI-CONSONNES*

Les voyelles sont définies comme des articulations *sans obstacle* et les consonnes comme des articulations *avec obstacle*. Les langues bantu connaissent deux autres modes articulatoires qui ne se conforment exactement ni à l'une ni à l'autre définition; ce sont les semi-voyelles ou semi-consonnes :
  y : antérieure, palatale (le yod [j])
  w : postérieure, bilabiale

Par rapport aux voyelles, les semi-voyelles sont prononcées avec ouverture buccale, mais cette ouverture est encore plus faible que celle des voyelles les plus fermées. D'autre part, la durée de leur prononciation est plus réduite que celle des voyelles les plus brèves.

Dans la constitution des mots, les semi-voyelles se comportent comme les consonnes, c'est-à-dire qu'elles peuvent apparaître devant les voyelles et former avec elles une syllabe. Par exemple :

w
cílúba (L.31) :
| | wányi | **wáá**-nyi | le mien (enfant p. ex.) |
| | weeba | **wee**-ba | le tien (livre p. ex.) |

kintándu (H.16g)
	kuwííla	ku-**wíí**-la	écouter
	weénga	**weé**-nga	noyau de noix de palme
	wuúnga	**wuú**-nga	cavité, grotte

y
cílúba (L.31) :

yeeba	**yee**-ba	les tiens
díyééba	dí-**yéé**-ba	grenier

kintándu (H.16g)

yeénga	**yeé**-nga	abîme, ravin
yúunga	**yúu**-nga	renom, réputation.

Ci-après le tableau général des lettres recommandées par l'Institut International Africain (I. A. I.) de Londres pour l'écriture des langues africaines *(Orthographe pratique des langues africaines, p. 15).*

TABLEAU GENERAL DES LETTRES RECOMMANDEES PAR L'I.A.I.

		Bi-labiales	Labio-dentales	Dentales et Alvéolaires	Post-alvéolaires	Rétroflexes (Cérébrales)	Palatales	Vélaires	Laryngales
CONSONNES	Explosives	p b		t d		ʈ ɖ	ty dy ky gy	k g	ʔ
	Implosives	ɓ		ɗ					
	Affriquées	pf bv		ts dz	tʃ dʒ (=c j)			kx	
	Nasales	m		n			ny	ŋ	
	Latérales Explosives			tl dl					
	Latérales Fricatives			ɬ ɮ					
	Latérales Sans friction			l			ly		
	Roulées			r					
	Fricatives	f v	f v	s z	ʃ ʒ		sy zy	x ɣ	h
	Semi-voyelles	w					y	(w)	
VOYELLES	Fermées	(u)					i	u	
	Mi-fermées	(o)					e	e o	
	Mi-ouvertes	(ɔ)					ɛ	ɔ	
	Ouvertes							a	

(Voyelles centrales: ə, a, e)

IDENTIFICATION DES PHONEMES SEGMENTAUX

Nous venons de voir que les sons se définissent et se distinguent
- pour les voyelles : par le degré d'aperture
par la position de la langue, et
par l'arrondissement des lèvres.
- et pour les consonnes : par le point d'articulation
par le mode de formation, et
par l'activité du larynx.

Cette distinction apparaît de manière manifeste dans des oppositions significatives, comme l'indiquent les exemples qui suivent :

Voyelles

siswati (S.43)

i / e	kubìlà	bouillir
	kubèlà	partager
i / u	kufìcà	empêcher
	kufùcà	pousser

kiyans (B.85)

e / ɛ	be	ceux-ci
	bɛ	vous
	bee	être abîmé
	bɛɛ	mûrir

kintándu (H.16g)

o / i	kukŏta	entrer
	kukĭta	trafiquer
u / e	kukúta	rassembler
	kukéta	détester

e / o   kubĕla   blâmer
           kubŏla   pourrir

Consonnes

siswati (S.43)
m / n   kumánà   être avare
             kunánà   se venger

b / p   sibukò   miroir
             sipokò   fantôme

cílúba (L.31)
d / t   kúdimbá   tromper, mystifier
             kútumbá   devenir célèbre

p / t   kápandá   être sauvé
             kátandá   se disputer
kintándu (H.16g)
t / s   kutála   regarder
             kusála   travailler

b / l   kubéla   perdre (un procès)
             kuléla   être glissant

g / k   kugéla   cueillir
             kukéla   filtrer

b / m   beénga   calvitie
             meénga   sang

Semi-voyelles : y / w

siswati (S.43)
        kuyà   aller
        kuwà   tomber
kintándu (H.16g)
        yeénga   abîme
        weénga   amande de noix de palme

DISTRIBUTION DES PHONEMES

Dans la prononciation des mots ou des énoncés, les sons et les tons apparaissent dans un environnement donné. Les relations qu'ils entretiennent les uns par rapport aux autres dans cet environnement constituent ce qu'on appelle la *distribution des phonèmes* . Le contexte d'apparition peut entraîner une modification de la nature des phonèmes ou en déterminer le comportement.

Il en résulte que :

1.   Certains phonèmes n'apparaissent que dans des contextes précis et limités. P. ex., en kinyanga (D.43), les consonnes **d** et **g** n'apparaissent qu'après une nasale :

ndíwá   souris
ngoma   tambour
nkanga   côte
itángíra   commencer.

2.   Un seul phonème peut donner lieu à deux ou plus de deux sons différents selon ses contextes d'apparition. On dit alors que ces deux sons sont en distribution complémentaire et on les appelle *allophones combinatoires.* Dans ce cas, leurs contextes d'apparition s'excluent mutuellement. P. ex. , en kinande (J.42), le

phonème / **r** / a deux allophones en distribution complémentaire : il est réalisé [**l**] après une voyelle postérieure ou centrale (u, o , ɔ, a) et [**r**] après une voyelle antérieure (i, e, ɛ) :

| / omusári / | se prononce | [omusáli] |
| / omuréro / | se prononce | [omuléro]. |

VARIANTES LIBRES

Deux ou plus de deux sons peuvent permuter sans entraîner une modification sémantique. En d'autres termes, il arrive qu'un même mot soit prononcé de deux manières différentes et les deux prononciations acceptées dans la langue. On dit alors que ces sons différents sont en *variantes libres.* P. ex., en cílúba (L.31) :

o / u	díloo**lu**	díloo**lo**	le soir
	císombél**ú**	císombél**ó**	salle de séjour
a / e	cyánz**á**	cyánz**é**	main
p / h	lú**p**éé**p**ela	lú**h**éé**h**ela	le vent

SYLLABES

Les phonèmes se regroupent pour former les mots. Ceux-ci sont constitués de *syllabes* comprenant des consonnes et des voyelles dont l'organisation varie d'une langue à l'autre. La syllabe des langues bantu présente plusieurs structures pouvant être regroupées en trois types non exclusifs. En effet, dans une langue déterminée, une combinaison peut être plus générale que les autres dont la fréquence est moins élevée.

On peut donc distinguer :

1. des *syllabes ouvertes* ou *syllabes à sommet vocalique* . C'est-à-dire des syllabes se terminant par une voyelle portant un ton (haut ou bas). Ce type présente plusieurs structures dont voici quelques exemples parmi les plus communes.

-V- : syllabe constituée d'une voyelle seule :
cílúba (L.31)

mbaángaci	mba-**á**-nga-ci	je les ai pris
kwáúlá	kwá-**ú**-lá	raconter un rêve
kuípaci	ku-**í**-pa-ci	ne les chasse pas (p. ex.les oiseaux)

-CV- : voyelle précédée d'une consonne simple :
kintándu (H.16g)

bitóto	**bi-tó-to**	déchets
kibolobólo	**ki-bo-lo-bó-lo**	serpent

-CVV- : consonne + voyelle + voyelle :
kintándu (H.16g)

bakéénto	ba-**kéé**-nto	femmes

-CCV- : consonne + consonne + voyelle
bɛkwel (A.85)

kpà	**kpà**	sac
bgà	**gbà**	route
gbàta	**gbà**-ta	danse

-CSV- : consonne + semi-voyelle + voyelle
cílúba (L.31)

bwángá	**bwá**-ngá	remède
kwéndá	**kwé**-ndá	marcher

cyánzá	**cyá**-nzá	main
mwâná	**mwâ**-ná	enfant
bwádi	**bwá**-di	masque

-NCV(V)-: nasale + consonne + voyelle
cílúba (L.31)

nkámbwa	**nká**-mbwa	ancêtre
mputa	**mpu**-ta	blessure
ndééji	**ndéé**-ji	nourrice

-NCSV- : nasale + consonne + semi-voyelle
cílúba (L.31)

| nkwádi | **nkwá**-di | perdrix |
| nkwásá | **nkwá**-sá | chaise |

2. des *syllabes fermées* ou *syllabes à sommet consonantique*. C'est-à-dire des syllabes se terminant par une consonne. Ce type présente aussi plusieurs structures : **-CVC-** , **-CSVC-**...

En voici quelques exemples.
bɛkwel (A.85)

ɛmɛt	**ɛ-mɛt**	tenir, attraper
myák	**myák**	barrages, digues
myɛl	**myɛl**	femelle d'un animal.

3. consonne seule : **-C-**. Le cas le plus courant est celui de la *nasale* dite *syllabique* **(N-)** , qui porte un ton dans les langues à tons. Elle apparaît généralement à l'initiale du mot, quelques fois au milieu, mais jamais en position finale.

Kintándu (H.16g)

ǹtí	**ǹ-tí**	arbre
ǹtóto	**ǹ-tó-to**	terre, sol
ǹkísi	**ǹ-kí-si**	remède
nkéénto	**n-kéé-nto**	femme.

2. Procédés supra-segmentaux

Dans les langues bantu, les phonèmes supra-segmentaux sont aussi importants que les phonèmes segmentaux. En effet, l'opposition phonémique *longue* ~ *brève* et la différence de *registres de hauteur* peuvent, à elles seules, distinguer les mots.

Les procédés supra-segmentaux les plus généraux dans les langues bantu sont :

1. Durée (quantité ou longueur) phonémique
2. Hauteur (tons)
3. Accents
4. Intonation
5. Faille (ou terrasse ou abaissement) tonale.

DUREE

Par *durée, quantité* ou *longueur phonémique* , il faut entendre l'augmentation de la durée de l'articulation d'un son. Plus d'un tiers (40,84 %) des langues bantu font la distinction entre les phonèmes longs et les phonèmes brefs. Cette distinction affecte aussi bien les voyelles que les consonnes.

La durée phonémique se traduit en *more* , segment minimal susceptible de recevoir le ton par lui-même.

La durée est représentée graphiquement par le doublement du signe. Par exemple **i** représente le I i I bref, et **ii** le I i: I long; **k** représente le I **k** I bref et **kk** le I **k:** I long.

La durée n'est pas toujours distinctive, dans certains cas, elle est tout simplement expressive, ou conditionnée soit par le ton, soit par l'accent dynamique.

Sortes de durée

A - Durée vocalique : opposition phonologique voyelle longue~voyelle brève. Par exemple :

mbagani (L.22)	bána	quatre
	baána	enfants
	tó	non
	tóó	jusqu'à...
kílúba (L.33)	kúzílá	s'abstenir
	kúzíílá	danser pour...
	kúkólá	creuser
	kúkóólá	éplucher
yiyáká (H.31)	kubélá	être condamné
	kubéélá	être malade
	kubúlá	frapper
	kubúúlá	tomber sur
kintándu (H.16g)	kusála	travailler
	kusáála	rester
bafia (A.50)	riɓádɛn	ramasser
	riɓáadɛn	se tenir
	kuyánga	boucaner
	kuyáanga	être joyeux
hema (J.13)	okosísa	égaler
	okosíísa	abîmer

okwem**é**ra   garanti

okom**éé**ra   être debout

B - Durée consonantique : opposition phonologique consonne longue ~ consonne brève. Par exemple :

oluganda (J.15)

 oku**g**ula   acheter

 oku**gg**ula   ouvrir

 ku**b**a   être

 ku**bb**a   voler

 ki**d**e   sonner

 ki**dd**e   mauvais temps

 ba**f**e   laisser mourir

 ba**ff**e   notre peuple

Valeur et rôle de la durée
(oppositions significatives)

A - Valeur lexicale. Tous les exemples donnés ci-dessus indiquent que la durée permet de distinguer les mots.

B - Valeur grammaticale. La durée permet également de distinguer différentes formes d'un même mot pour marquer les oppositions par exemple :

• de temps et d'aspect :

bode (D.35) **ké**mímo   nous éteindrons

	kéémimo	nous avons l'habitude d'éteindre

• de mode :

mbagani (L.22)	básálé	qu'ils travaillent! (subjonctif)
	báasálé	ils travaillent (indic. prés.)
cílúba (L.31)	badímá	ils cultivent
	baadímá	qu'ils cultivent !

Il faut signaler qu'en dehors de ces cas existent d'autres formes de *longueur* qui n'ont aucune valeur significative, mais qui sont conditionnées soit par le ton, soit par l'accent dynamique.

HAUTEUR : TONS, TONEMES

Rappelons que les langues bantu sont, à quelques exceptions près, *des langues tonales*. C'est-à-dire que les syllabes sont affectées de *hauteurs mélodiques pertinentes* susceptibles de distinguer les mots..

Lorsque la syllabe contient une voyelle, par convention, c'est cette voyelle qui porte la marque du ton. Dans le cas de consonne syllabique, fréquent dans le domaine, c'est la consonne qui porte cette marque : cílúba (L.31) *m̀mêma : c'est moi.* ; áamashi (J.53) *ǹkolánga : je t'aime*.

Mais certaines langues, comme l'ɔtɛtɛla (C.71), présentent des consonnes tonales : *kká : se sauver, ccáccá : dire fréquemment..*

Les langues bantu ont, de manière générale, gardé les mêmes tons qu'en proto-bantu, à l'exception cependant de quelques langues de la zone L dont le cílúba (L.31), qui présentent les tons inversés. On parle, dans le premier cas, du système tonal étymologique, dans le second, du système réversif. Mais dans les deux cas, il s'agit des *systèmes à tons fixes* à côté desquels on trouve deux autres systèmes, très peu répandus dans le domaine bantu, l'un à *déplacement tonal*, et l'autre à *doublement tonal*.

Enfin il y a lieu de signaler que les tons n'ont pas la même valeur pour toutes les langues bantu. On peut distinguer :

• des langues où l'opposition tonale a valeur sémantique tant au niveau lexical que grammatical,

• des langues où l'opposition tonale ne joue un rôle pertinent qu'au niveau grammatical,

• des langues dans lesquelles les tons ne jouent aucun rôle, ni grammatical ni lexical.

Registres de hauteur

Tout segment affecté par le ton est une *more*.

A - Dans les langues à deux niveaux de tons, on distingue deux tons simples sur des syllabes à voyelles brèves :

Ton haut (H), représenté sur la voyelle par un accent aigu | ´ | ou par l'absence de signe, si la préférence est accordée au ton bas. Par exemple :

myɛnɛ (B.11)

ópe	ou	opè	veillée
júfa		jufà	dérober

kóta	kotà	tenir
ikása	ìkasà	pont
ivéne	ìvenè	pénurie

Ton bas (B) , représenté par l'accent grave I ` I ou par l'absence de signe, si la préférence est accordée au ton haut. Par exemple :

gikwezo (K.53)

pàngà	ou	panga	épaule
kàngà		kanga	pintade
gudàhà		gúdaha	puiser
gulèngà		gúlenga	fuir
gùfùnà		gufuna	avoir en
			abondance.

B - Dans certaines langues, ces deux tons simples peuvent donner lieu à des combinaisons en *tons modulés simples* sur des syllabes à voyelle longue.

Ton montant ou bas-haut (BH) . Si l'on maintient la représentation par doulement de la voyelle longue, on indique un des accents sur un de ces signes :

gikwezo (K.53)

gùzìiga	ou	guziígá	enterrer
gùvòoga		guvoógá	tremper
gùnàana		gunaáná	tirer
gùlòoga		guloógá	jeter un mauvais sort
gùcòocoma		gucoócómá	être froid.

Mais on peut aussi, par convention, abandonner cette représentation par doublement et représenter la syllabe longue par un signe unique qui est alors affecté d'un accent antiflexe I ˅ I :

guzĭga   ou   guzĭgá
gùvŏga   guvŏgá
gùnăna   gunăná
gùlŏga   gulŏgá
gùcŏcoma   gucŏcómá

Ton descendant ou haut-bas (HB) , représenté par un des accents sur un des signes ou par un accent circonflexe | ^ | :

kinyanga (D.43)
batimaàyò   ou   bátímáayo   ou   bátímâyo
                                         ils ont creusé
kaàmpèe   káampeé   kâmpě
                                         un autre
kuùbungu   kúubúngú   kûbúngú
                                         petit village
kiìtumò   kíitúmo   kîtúmo
                                         petite lance

C - Dans d'autre langues, par le phénomène d'amalgame, les tons modulés simples peuvent à leur tour se combiner et donner naissance à des *tons modulés complexes* à statut phonologique, affectant des voyelles très longues. On peut ainsi avoir :

Le ton descendant-montant (HBH), représenté par le signe | N | . Par exemple :
lɔmɔngɔ (C.61)
bɛ̀kɔ̀lí bɛ̌fúká : *des lianes bougent*
                dans une chaîne parlée, devient :
bɛ̀kɔ̀j ɛ̌fúká

Le ton montant-descendant (BHB) , représenté par le signe | ʌ | . Par exemple :

lɔmɔng ɔ (C.61)

bàntò ba. Ɓòkóté : les gens de Bokote

dans une chaîne parlée, devient :

bàntò bǒ.kóté

Le ton double-descendant (HBHB) , représenté par
le signe I ᴧᴧ I

4) Le ton double-montant (BHBH), représenté par I ᵕᵕ I .

Enfin, il faut également signaler l'existence d'un *ton moyen* ,
I ' I , bien que son apparition soit rare dans les langues bantu, et
celle, dans les langues à quatre niveaux de tons, du *ton très haut* ,
qui est représenté par un double accent aigu I ´´ I

Valeur et rôle des tons
(oppositions significatives)

A - Valeur lexicale. Les tons permettent de distinguer les mots.
Par exemple:
lingála (C.36d)

moto	homme
motó	tête
kopíma	refuser
kopima	mesurer
kosɔnɔ	coudre
kosɔ́nɔ	écrire

mbɛlɛ   peut-être
mbɛ́lɛ́   faïence

ikirundi (J.61)

  ikiyága   lac, plan d'eau, mer
  ikiyaga   grand vent, esprit

áamashi (J.53)

  óokufuka   faire des joutes compétitives
  óokufuká   barrer, obstruer

  óokuhuunga   tresser une corde
  óokuhuúnga   dormir, s'endormir

ngungwel (B.70)

  õzi   liane
  õzí   hôte
  obál   épouser
  obal   casser

  okel   écrire, compter
  okél   sécher

kintándu (H.16g)
  mpólo   cendre
  mpolo   visage

  kisála   queue de poisson
  kisala   petite vérole

ndúungu	poivre
nduúngu	tambour conique

masíinsa	midi
masiínsa	essai.

B- Valeur grammaticale. Le ton peut différencier entre elles deux formes grammaticales. Par exemple :

myɛnɛ (B.10)

èvágò zâjárúnò	le pot a été fendu
èvágò zájàrùnò	le pot qui a été fendu

yiyáká (H.31)

kutála	regarder
batála khoombó	ils ont regardé la chèvre
	(il y a longtemps)
batálá khoombó	qu'ils regardent la chèvre
bataatá basádidi	les pères viennent de travailler
batáátá básádidi	ce sont les pères qui ont travaillé

cílúba (L.31)

údí úsáámá	tu es malade
udí usáámá	il est malade
wáfu	tu es mort
wǎfu	il est mort

mbagani (L.22)

básálákà	ils travaillent (habituel)
básáláká	ils ont travaillé

Groupes et cas tonals

A- Groupes tonals. Les tons n'affectent pas les mots au hasard. Chaque langue tonale comprend, sur le plan morphologique et paradigmatique, un certain nombre de *groupes tonals* dans lesquels se répartissent ses différents mots. Cela veut dire que, pris isolément, chaque mot est doté de tons obligés, qui ne peuvent être modifiés que dans des contextes déterminés, lorsqu'ils remplissent des fonctions précises. Par exemple, en kintándu (H.16g), chaque substantif simple appartient à un des quatre *groupes tonals* ci-après. Les exemples sont choisis parmi les mots polysyllabiques et dissyllabiques afin qu'apparaissent mieux les différentes combinaisons.

Thèmes polysyllabiques		Thèmes dissyllabiques	
Groupe tonal a :	**B-(B)(B)BMB**	**= B-(B)MB**	
ma-solokŏto ki-nwaanĭnu	espèces d'oiseau arme offensive	ma-bĭibi ma-lăfu	fatigue vin de palme
Groupe tonal b :	**B-(H)(H)HB**	**= B-H(H)B**	
ki-bútúkúlu ki-táánínu	tempérament iné arme défensive	ki-wíína lu-ngwéni	soif caméléon
Groupe tonal c :	**B-(H)(H)HB**	**≠ B-H(B)B**	
ma-fwátábála ma-káákíla	espèces de plantes cloisons, haies	ki-túutu ma-túti	occasion nuages
Groupe tonal d :	**B-H(B)(B)B**	**= B-H(B)B**	
ki-túndibila ba-téekolo	gingembre petits-enfants	n-túutu ma-kúku	ouverture pierres de foyer

B - Cas tonals . Il existe des langues qui, en plus de groupes tonals, présentent des cas tonals. Cela veut dire que, sur le plan syn-
tagmatique, une même forme peut avoir, comme il est dit plus
haut, deux ou plus de deux variations tonales selon qu'elle est
sujet, prédicat ou objet. Suivons, à titre d'exemple, les variations
tonales du substantif *batááta, pères* (sg tááta) du yiyáká (H.31)
dans les phrases suivantes :

du substantif *batááta, pères* (sg tááta) du yiyáká (H.31) dans les phrases suivantes :

baná *batááta* **B HH B**	ceux-là ce sont des pères
bataatá basádidi **BBB H**	les pères viennent de travailler
batáátá básádidi **B HH H**	ce sont les pères qui ont travaillé
kíímá *kyábátááta* **H HH B**	c'est une chose des pères
bataata báába basádidi **B BB B**	ces pères-ci viennent de travailler

kíímá *kyábátáátá* bábééto
     H H HH H
	c'est une chose qui appartient
	                à nos pères

ACCENTS

Dans la prononciation des mots, certains sons ou syllabes sont émis avec plus de force que d'autres. Par exemple la consonne est nettement articulée, le timbre de la voyelle très clair. On dit alors que ces sons ou syllabes portent l'accent dynamique ou accent d'intensité. Celui-ci n'a pas une valeur distinctive dans les langues bantu. Son rôle est d'ordre rythmique.

A l'exception de quelques langues comme l'isizulu (S.42) et le siswati (S.43), qui combinent l'accent et le ton, très peu de langues bantu attestent la présence des deux phénomènes : plus le ton joue un rôle dans une langue, moins l'accent y est perceptible.

La place de l'accent dynamique est prévisible. Mais, dans une chaîne parlée, une sorte d'harmonie peut entraîner un déplacement. De manière générale, on distingue, dans les langues bantu, deux points d'accentuation :

A - L'accent tombe sur la syllabe pénultième (ou l'avant-dernière syllabe) et allonge en même temps la voyelle (longueur non distinctive) .

kiswahili (G.42)

watoto wadogo wale   ces petits enfants là

alifunga milango mitano   il a fermé cinq portes

twendeni	allons nous-en

siswati (S.43)

úmsébèti	travailleur

úmfùndzisì	enseignant

B - L'accent tombe sur la syllabe antépénultième (troisième syllabe avant la fin) et coïncide avec le ton haut.

siswati (S.43)

bútfòngwànà	petit sommeil

ébútfóngwènì	dans le sommeil

INTONATION

L'intonation détermine la courbe mélodique de la phrase en se combinant avec les traits supra-segmentaux de hauteur et de durée. C'est un phénomène essentiellement *prosodique*.

Elle peut être *ascendante* ou *descendante.* Par exemple, en mbagani (L.22), la courbe mélodique de la phrase est généralement descendante.

Elle varie selon qu'il s'agit de la phrase énonciative, interrogative, négative, exclamative ou impérative; et varie également selon qu'il s'agit d'un segment situé au milieu de la phrase ou à la fin.

Elle peut provoquer un changement de tons non phonologique. Par exemple, en kiholoholo (D.28), l'intonation interrogative se manifeste par l'apparition d'un ton complexe sur la dernière syllabe de la phrase. Ainsi :

mwi̧ máayi múlweso ?   Y a-t-il de l'eau dans le pot?
s'énonce : *mwi̧ máayi múlwesǒ ?*

ámbo waawá?   Est-ce que tu as fini?
s'énonce : *ámbo waawâ?*

Un autre exemple en kiswahili (G.42) :

unaenda   tu pars

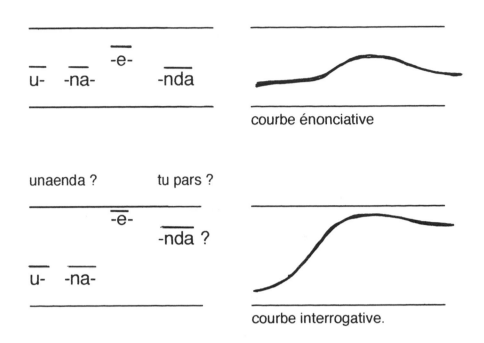

courbe énonciative

unaenda ?   tu pars ?

courbe interrogative.

FAILLE TONALE

Certaines langues bantu connaissent le phénomène de *faille tonale,* dite aussi *terrasse* ou *abaissement.* Par exemple le kileega (D.25), le sesotho (S.32 et S.33), l'ewondo (A.72), le kishambaa (G.23), et les langues bantu du Cameroun : bamileke (grassf. 1.1), bafia (A.53), etc.

La *faille tonale* est caractérisée par l'abaissement d'un deuxième ton, haut ou bas, séparé d'un ton identique par un ton différent. En d'autres termes, tout ton haut qui est séparé d'un ton haut précédent par un ton bas est réalisé moins haut que le ton haut précédent, et tout ton bas qui est séparé d'un ton bas précédent par un ton haut est réalisé plus bas que le ton bas précédent. Par exemple : mbagani (L.22) :

gàmáámà mádzì mànányì   celles-ci sont grandes
gà-máá-mà   má-dzì mà-ná-nyì
 1   2   3   4   5 6   7   8

devient :

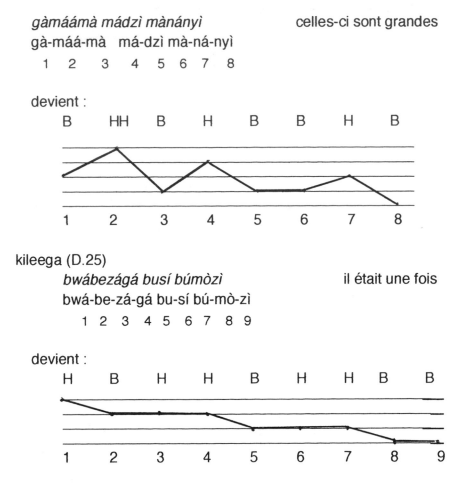

    B   HH   B   H   B   B   H   B

kileega (D.25)

bwábezágá busí búmòzì   il était une fois
bwá-be-zá-gá bu-sí bú-mò-zì
 1 2 3 4 5 6 7 8 9

devient :

    H   B   H   H   B   H   H   B   B

    1   2   3   4   5   6   7   8   9

La faille tonale étant un phénomène essentiellement prosodique, les tons qu'elle modifie sont, comme pour ceux modifiés par l'intonation, considérés comme des allophones des tons de base dont ils proviennent. Cependant, dans certaines langues, elle joue un rôle distinctif et grammatical .

Chapitre V

Eléments
de morphophonologie

La *morphophonologie* (ou la *morphonologie*) s'intéresse aux changements et aux adaptations que subissent les phonèmes (segmentaux ou supra-segmentaux) au contact des autres phonèmes à l'intérieur d'un système morphologique.

En d'autres termes, comme on l'a déjà expliqué plus haut, dans la prononciation des mots ou des énoncés, les phonèmes apparaissent, les uns par rapport aux autres, dans un environnement donné pouvant entraîner une variation de la nature des phonèmes ou en déterminer le comportement.

P. ex. , en cílúba (L.31), le morpho phonème °**l** est représenté par / **d** / devant **i** et après la nasale °**N** ; et reste / **l** / partout ailleurs

kúlaala	°kú-laal-a	dormir
búlaalú	°bú-laal-ú	lit
kúlaadíká	°kú-laal-ík-á	endormir, faire dormir
cílaadífi	°cí-laal-íl-í	lieu où l'on dort
ndaadílú	°N-laal-íl-ú	manière de dormir.
lúlengu	°lú-lengu	paresse
mulangi	°mu-la-ngi	bouteille
dilonga	°di-longa	plat, assiette
lwésú	°lú-ésu	casserole

Il existe, sur le plan segmental, des morphonèmes *ordinaires* , des morphonèmes *spéciaux* et des *suites de morphonèmes ;* sur le plan prosodique, des *morphonèmes de quantité (ou durèmes)* et des *morphotonèmes* . Les variations dont résultent les uns et les autres sont expliquées par des règles appelées *règles morpho-phonologiques* ou *règles de représentation..*

Chaque langue ayant ses particularités phoniques propres, il est difficile d'expliquer de manière générale les règles morphophono-logiques bantu. Les quelques faits signalés ci-après le sont uniquement à titre d'exemple et ne visent pas l'exhaustivité.

1. Morphophonèmes segmentaux

MORPHONEMES ORDINAIRES

Tous les phonèmes segmentaux étudiés plus haut peuvent, sur le plan structurel, être morphophonèmes (appelés aussi morpho-nèmes). Ils sont alors représentés directement par les phonèmes correspondants.

MORPHOPHONEMES UNIQUES

Un morphème qui se présente sous plusieurs formes (ou *allo-morphes*) peut recevoir une forme unique à laquelle ses allo-morphes sont ramenés par des règles morphophonologiques de représentation. De tels morphonèmes sont appelés *morphonèmes uniques* ou *morphonèmes spéciaux* . Ce sont des sortes d'archiphonèmes qui, d'une certaine manière, sont posés comme "symbole" de tous les allomorphes qu'ils représentent. Chaque langue ayant sa spécificité, il convient de ne pas généraliser. Nous en donnerons ici les plus communs aux langues bantu avec leurs règles de représentation.

a. Morphonème I **N** I : les préfixes nominaux des classes 9 et 10, le préfixe verbal de la première personne du singulier et l'infixe objet de la première personne du singulier, qui s'écrivent / **m** / ou / **n** / (selon qu'ils entrent en combinaison avec les consonnes labiales ou dentales à l'initiale du thème ou du radical), sont représentés par la nasale unique / °N /, dite nasale homorganique. Par exemple :

cílúba (31)

cl 9/10	**m**bówa	buffle(s)	°N-bówa
	mbwá	chien(s)	°N-bwá
	mbují	chèvre(s)	°N-bují
	nzubú	maison(s)	°N-zubú
	njílá	chemin(s)	°N-jílá
	ɲúúɲí	oiseau(x)	°N-úúɲí
1er pers sg	**ŋ**áápi	j'ai donné	°N-áápi
	ŋimána	que je m'arrête	°N-imá-a

gikwezo (K.53)

cl 9/10	**m**vùlà	pluie(s)	°N-vùlà
	mvindú	saleté(s)	°N-vindú
	mbondé	ongle(s)	°N-bondé

kintándu (H.16g)

cl 9/10	**m**vúla	pluie	°N-vúla
	mbwá	chien	°N-bwá
	ndáanga	retardement	°N-náanga
	ngyenda	voyage	°N-yenda

Règles de représentation. Selon les langues :

| N | > / m /   devant une consonne labiale (°b, °p, °v, °f);

     / ɲ /   ou la séquence / **ny** / devant une voyelle ou la semi-consonne °y;

     / ŋ /   ou la séquence / **ng** / devant une consonne vélaire (°k, °g représentée ou non), ou devant la semi-consonne °w;

     absence de représentation, ou

     / **n** /   dans tous les autres cas.

b. Morphophonème | **VR** |. Il s'agit d'un morphophonème vocalique spécial, représenté par un phonème vocalique (**V**) identique à celui du radical (**R**).P. ex., en wucoókwé (K.11) :

kanáf**uu**ph**u**	-náfuuph-	il avale
wumam**ono**	-mamon-	tu vois
wunap**oo**mb**o**	-napoomb-	il renifle
anat**eeté**	-nateet-	il partage

Règle de représentation :

| **VR** | > / V /   la voyelle du radical s'il s'agit de formes verbales primaires (non dérivées) sans extension.

     / **a** /   dans tous les autres cas.

c. Morphophonème | **Y** |. Il s'agit d'un morphophonème spécial de dérivation, qui influence phonétiquement le morphonème qui le précède. P. ex.

Kitaabwa (M.41a)

-lil-		pleurer
mu-lizi	°mu-lil-**Y**-i	pleureur
-lel-		s'occuper d'un bébé

mu-lezi	°mu-lel-**Y**-i	nourrice
wucoókwé (K.11)		
-haan-		donner
cihaani	°-haan-Y-i	donneur
-kwaas-		aider
cikwaashi	°-kwaas-Y-i	aide
-longes-		enseigner
mulóngeshi	°-longes-Y-i	enseignant

SUITE DE MORPHOPHONEMES

Dans certains mots ou énoncés, deux phonèmes vocaliques identiques ou différents peuvent se suivre. Ils apparaissent d'une manière particulière sur le plan structural. Ci-après quelques exemples.

a. Suite de deux morphonèmes identiques . Une suite de deux morphonèmes identiques est représentée par le doublement du phonème vocalique correspondant.

kitaabwa (M.41a)			
cl 5	liino	°li-ino	dent
	liina	°li-ina	nom
	liini	°li-ini	foie
cl 6	maala	°ma-ala	ongles.

b. Suite l **i+V** l et l **u+V** l. Les morphonèmes vocaliques / i / et / u / suivis d'un autre morphonème vocalique sont représentés ainsi :

/ i /

/ u /

par la semi-voyelle

y   (C)**y**V

w   **w**V.

Cílúba (L.31)

/ i-u / >   **yu**
              cyúla   °ci-úla   crapaud
/ i-e / >   **ye**
              myéla °mí-éla   glaives
/ i-o / >   **yo**
              myómbó   °mí-ombó   mailloches
/ i-a / >   **ya**
              yaanyi   °i-aanyi   les miens.

Kitaabwa (M.41a)

/ u-i / >   **wi**
              mwívi °mú-ívi   voleur
/ u-e / >   **we**
              mwenyi   °mu-enyi   hôte
/ u-o / >   **wo**
              bwóngo   °bú-óngo   cerveau
/ u-a / >   **wa**
              kwápa   °kú-ápa   aisselle

c. Plusieurs suites de morphophonèmes . Plusieurs autres suites de morphophonèmes sont possibles. P. ex. / a-e /, / a-o /, / a-u /, etc. Pour mieux en comprendre les règles de représentation, il vaut mieux se référer aux monographies particulières.

2. Morphophonèmes supra-segmentaux

MORPHOPHONEMES DE QUANTITÉ ou *DUREMES*

Il existe deux sortes de morphophonèmes de quantité dans les langues bantu :

a. Quantité lexicale. C'est la quantité propre au mot, celle qui le caractérise indépendamment de tout contexte. En d'autres termes, on peut dire que c'est la quantité que présente le mot lorsqu'il est pris comme *entrée* dans un lexique ou un dictionnaire.

***b. Quantité conditionnée par l'environnement* .** Il s'agit du changement que présente la longueur phonémique lorsqu'un phonème subit l'influence des phonèmes voisins. Dans certaines langues, ce comportement est prévisible, car il apparaît toujours dans le même contexte. Par économie graphique, la longueur n'est pas représentée. Par exemple, en cílúba (L.31)

• une voyelle est toujours longue devant un complexe à nasale :

dilonga	°di-**lo:ng**a	assiette
kúlombá	°kú-**lo:mb**á	demander
cilunga	°ci-**lu:ng**a	patate-douce

• une voyelle est toujours longue après un complexe consonne / semi-voyelle :

dyákúlá	°di-á:kúlá	manière de parler
cyámbílú	°cí-á:mbilu	phrase, énoncé
bwálú	°bú-álú	affaire, histoire

• une voyelle finale est toujours brève.

MORPHOTONEMES

Comme les morphonèmes sont liés aux phonèmes, les morphotonèmes sont liés aux tons. Pour en comprendre les règles de représentation, il conviendrait de se rapporter au système tonal de
chaque langue en particulier. Il faut cependant signaler que dans le
cas des morphotonèmes modulés, chaque morphotonème est représenté individuellement :

/ ∧ /   >   / ´ ` /   HB
/ ∨ / >   / ` ´ /   BH

3. Harmonies

Les phonèmes ou les tonèmes d'un mot ou d'un énoncé peuvent
s'influencer mutuellement au point que certains perdent leur nature
propre au profit de celle de l'élément le plus influent. On dit alors
qu'il y a harmonie entre ses éléments.

Deux sortes d'harmonies sont attestées dans les langues bantu.

a. Harmonie vocalique . Lorsqu'une voyelle assimile à son
propre degré d'aperture une voyelle d'un autre degré qui entre en
contact avec elle. Ce phénomène se rencontre surtout dans les
formes verbales et dans les déverbaux, où les voyelles des affixes
sont assimilées par celles du radical. Par exemple,

en lɔmɔngɔ (61), langue à 7 voyelles, quand la voyelle du radical
est du 3e degré, les voyelles des affixes s'adaptent au même
degré :

| -kɔm- | | emballer |
| ɛkɔmɛlɔ | °ɛkɔm-elo | emballage; |

en kintándu (H.16g), langue à 5 voyelles, le même phénomène se
passe lorsque la voyelle du radical est du 2e degré :

-kot-		entrer
tukotelé	°tu-kot-ilí	nous venons d'entrer
-tel-		cuire
tutelekelé	°tu-tel-ik-ili	nous venons de cuire

b. Harmonie nasale . On considère qu'il y a harmonie nasale
lorsqu'un phonème qui apparaît dans le même environnement
phonique qu'une nasale tend à s'assimiler à celle-ci. Par exemple,
dans un grand nombre de langues, la finale du passé en °**-ilé** et
tous les suffixes à °**l** (-il-, -ul-, -al-) qui suivent un radical comprenant une nasale se prononcent comme une nasale .

Kitaabwa (M.41a) :

| tukun**íné** | °tu-kun-**ílé** | nous avons planté |
| tutom**éné** | °tu-tom-**ílé** | nous avons bu. |

Kintándu (H.16g) :

| tukuniní | °tu-kún-ilí | nous avons planté |
| kutimína | °ku-tim-il-a | creuser avec. |

Annexes et documents

Ecriture et orthographe

Systèmes africains d'écriture

L'écriture des Bamun

L'écriture bété

L'écriture mendé

L'écriture vaï

L'écriture toma

L'écriture masaba

Ecrire les langues bantu aujourd'hui

Exemple du Zaïre

1. Systèmes africains d'écriture

Il a existé, en Afrique noire, des systèmes d'écriture mis au point par des Africains pour communiquer entre eux et pour fixer et faire circuler leurs traditions. L'ignorance actuelle de ces écritures provient non de leur inexistence, mais de ce que les premiers Occidentaux qui se sont intéressés à l'Afrique, persuadés que les peuples africains étaient des "peuples sans écriture", n'ont pas accordé à l'étude de ces traditions graphiques l'importance qu'elle aurait pu mériter.

Le premier linguiste qui s'est intéressé à cette forme d'écritures fut l'Allemand S. W. KOELLE. En 1854, il décrit, dans sa grammaire *vaï*, une écriture locale utilisée par les populations *vaï* habitant près de Cape Mount, au Libéria. Vers les années 30, Marcel COHEN, Théodore MONOD et Vincent MONTEIL consacrent à certaines de ces écritures des articles qui éveillent l'attention des africanistes.

Plus tard, dans les années 50, Raymond MAUNY, et, dans les années 60, David DALBY étudient de manière plus systématique ces écritures dont ils font connaître quelques-unes.

On connaît, aujourd'hui, des recherches doctorales qui leur réservent des chapitres importants. A ce propos, on peut citer, à titre d'exemple, la thèse de Gérard GLATIER sur les *Problèmes dialectologiques et phonographématiques des parlers mandingues* où l'auteur étudie quatre graphies du mandingo (Mali), dont les signes *masaba* repris plus loin.

De 1986 à 1988 s'est tenue, en Afrique et en Europe, une exposition itinérante qui avait pour thème *L'Afrique et la lettre* . Organisée conjointement par le *Centre culturel Français* de Lagos (Nigeria) et l'*Association Fête de la Lettre* (Paris) sous la direction scientifique de David DALBY, cette exposition réunissait pour la première fois environ une cinquantaine de "systèmes d'écriture ou symbolismes graphiques différents, employés en Afrique au cours des derniers 5.000 ans".

Mais notre intention n'est pas de nous occuper de ces systèmes d'écriture dans le cadre de ce manuel. Nous voudrions tout simplement, en reproduisant les quelques modèles d'écriture qui suivent, donner au lecteur l'occasion de connaître les tentatives menées par quelques Africains non linguistes pour doter leurs langues d'un système d'écriture.

SYSTEME D'ECRITURE DES BAMUN (CAMEROUN)

Une des versions du système d'écriture inventé par le sultan Njoya des Bamun (Cameroun) à la fin du XIXe siècle (1895). Il compte 466 symboles pictographiques et idéographiques.
L'Afrique et la Lettre, Fête de la Lettre, Paris, 1986, p. 14.

UNE AUTRE VERSION DU MEME SYSTEME BAMUN

Histoire générale de l'Afrique, Jeune Afrique/Stock/UNESCO,
Paris, 1980, p. 138.

"Le roi Njoya apprend aux notables les premiers symboles de son écriture".

Telle est la traduction de la première l gne du haut sur cette image .
L'Afrique et la Lettre, Fête de la Lettre, Paris, 1986, p.14.

L'ECRITURE MENDE (SIERRA LEONE)

Ecriture inventée par un Mendé de Sierra Leone nommé Kisimi
KAMARA. H. BAUMANN et D. WESTERMANN, *Les peuples et
les civilisations de l'Afrique,* Payot, Paris, 1948, p. 443.
Cette écriture fait partie des cinq syllabaires inventés dans le complexe linguistico-culturel *mandé,* dans l'Afrique de l'Ouest.
la même écriture mende (Sierra leone)

LA MEME ECRITURE MENDE (SIERRA LEONE)

Avec la transcription correspondante en alphabet latin.
L'Afrique et la Lettre, op. cit . p. 18.

L'ECRITURE VAI (LIBERIA)

Inventée probablement en 1800 par un Vaï du Libéria nommé
Momulu DUWALU.
NIANGORAN-BOUAH, *op. cit.* , p.201.

L'ÉCRITURE TOMA (LIBERIA)

Une lettre écrite en écriture toma du Libéria par Brahim KOIVOGUI, du village de Yela dans le canton de Guizima au Libéria. Reproduite par Joseph FOFFRE dans "Sur un nouvel alphabet ouest-africain : le Toma (frontière franco-libérienne)", dans *Bulletin de l'I.F.A.N.,* VII, Dakar, 1945.

L'ECRITURE MASABA DES MASASI (MALI)

	i	e	e	a	o	o	u
	⟨glyph⟩	⟨glyph⟩	⟨glyph⟩	⟨glyph⟩	⟨glyph⟩	⟨glyph⟩	⟨glyph⟩
p	⟨glyph⟩		⟨glyph⟩	⟨glyph⟩	⟨glyph⟩		⟨glyph⟩
t	⟨glyph⟩	⟨glyph⟩	⟨glyph⟩	⟨glyph⟩	⟨glyph⟩	⟨glyph⟩	⟨glyph⟩
c	⟨glyph⟩	⟨glyph⟩	⟨glyph⟩	⟨glyph⟩	⟨glyph⟩	⟨glyph⟩	⟨glyph⟩
k	⟨glyph⟩	⟨glyph⟩	⟨glyph⟩	⟨glyph⟩	⟨glyph⟩	⟨glyph⟩	⟨glyph⟩
b	⟨glyph⟩	⟨glyph⟩	⟨glyph⟩	⟨glyph⟩	⟨glyph⟩		⟨glyph⟩
d	⟨glyph⟩	⟨glyph⟩	⟨glyph⟩	⟨glyph⟩	⟨glyph⟩	⟨glyph⟩	⟨glyph⟩
j	⟨glyph⟩	⟨glyph⟩	⟨glyph⟩	⟨glyph⟩	⟨glyph⟩	⟨glyph⟩	⟨glyph⟩
g	⟨glyph⟩	⟨glyph⟩	⟨glyph⟩	⟨glyph⟩	⟨glyph⟩	⟨glyph⟩	⟨glyph⟩
f	⟨glyph⟩	⟨glyph⟩	⟨glyph⟩	⟨glyph⟩	⟨glyph⟩	⟨glyph⟩	⟨glyph⟩
s	⟨glyph⟩	⟨glyph⟩	⟨glyph⟩	⟨glyph⟩	⟨glyph⟩	⟨glyph⟩	⟨glyph⟩
nz			⟨glyph⟩	⟨glyph⟩			
m	⟨glyph⟩		⟨glyph⟩	⟨glyph⟩	⟨glyph⟩		⟨glyph⟩
n	⟨glyph⟩		⟨glyph⟩	⟨glyph⟩	⟨glyph⟩		⟨glyph⟩
ñ	⟨glyph⟩		⟨glyph⟩	⟨glyph⟩	⟨glyph⟩		⟨glyph⟩
ŋ				⟨glyph⟩	⟨glyph⟩		⟨glyph⟩
y	⟨glyph⟩	⟨glyph⟩	⟨glyph⟩	⟨glyph⟩	⟨glyph⟩	⟨glyph⟩	⟨glyph⟩
w	⟨glyph⟩		⟨glyph⟩	⟨glyph⟩	⟨glyph⟩	⟨glyph⟩	⟨glyph⟩
h	⟨glyph⟩		⟨glyph⟩	⟨glyph⟩			⟨glyph⟩
l	⟨glyph⟩	⟨glyph⟩	⟨glyph⟩	⟨glyph⟩	⟨glyph⟩	⟨glyph⟩	⟨glyph⟩
r	⟨glyph⟩	⟨glyph⟩	⟨glyph⟩	⟨glyph⟩	⟨glyph⟩	⟨glyph⟩	⟨glyph⟩

Appelé aussi syllabaire bambara, le *masaba* a été inventé, en 1930, par un Masasi du Mali nommé Woyo COULOUBAYI.Gérard GALTIER, *Problèmes dialectologiques et phonographématiques des parlers mandingues,* Thèse de doctorat, Université de Paris VII, 1980, p. 246.

L'ECRITURE BETE (COTE D'IVOIRE)

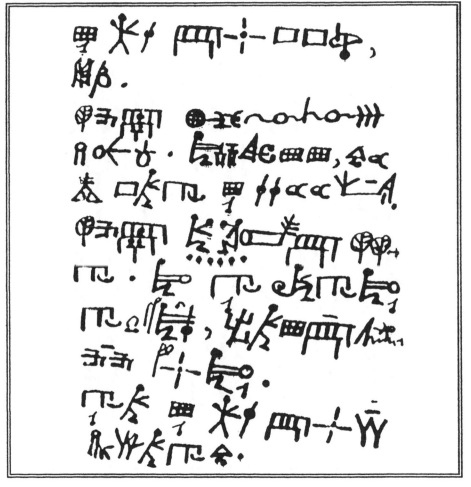

Système inventé en 1956 par un Bété de Côte d'Ivoire nommé Bruly BOUABRE. Il s'agit ici d'une lettre qu'une personne écrit à son frère et dont voici la traduction :*"Mon frère Gboaptê, bonjour! L'école est fermée; je profite de l'occasion pour t'envoyer mes enfants afin qu'ils apprennent le bété car ici à Abidjan où nous sommes, on ne parle que français. C'est moi ton frère Bboagbré qui t'écris ce mot"*. NIANGORAN-BOUAH, *L'univers akan des poids à peser l'or*, N.E.A./M.L.B., Paris, 1984, p.203.

ECRITURE SABEENNE (ETHIOPIE)

Vers le VIIIème siècle avant notre ère, le royaume de Saba (Arabie du Sud-Ouest) envahit les plateaux d'Ethiopie. Les Ethiopiens adoptèrent leur écriture, qui était syllabique.
Fragment d'une inscription découverte sur un autel en Ethiopie . NIANGORAN-BOUAH, *op. cit.* , p. 286.

2. Ecrire les langues bantu aujourd'hui

Actuellement, les langues africaines s'écrivent en général avec l'alphabet latin auquel on a adjoint quelques signes propres à l'A.P.I. *(Alphabet Phonétique International)* , en tenant compte des propositions émises par l'Institut Africain International (I.A.I.) dans l'*Orthographe pratique des langues africaines* (1927).

Cette écriture est de type phonémique. C'est-à-dire que les graphèmes qu'elle utilise correspondent le plus fidèlement possible aux phonèmes de la langue orale. Cette transcription connaît cependant des variantes que les linguistes tentent de réduire en proposant une standardisation de l'orthographe.

Dans certains pays, ces tentatives sont soutenues par des autorités politiques; dans d'autres, au contraire, elles ne dépassent pas le cercle scientifique des linguistes.

Comme le deuxième cas semble le plus fréquent, il est courant que des travaux portant sur l'Afrique présentent de sérieuses lacunes dans l'orthographe des textes en langues africaines lorsqu'ils sont réalisés dans d'autres cadres que celui des études linguistiques africaines proprement dites.

En attendant les résultats des études qui sont en cours sur l'orthographe des langues bantu, on peut rémedier à cette situation en proposant quelques règles générales susceptibles d'aider les chercheurs et écrivains qui éprouvent le souci d'écrire correctement les langues qu'ils emploient.

C'est dans cet esprit que nous reproduisons un document qui reprend les propositions émises à ce sujet par les linguistes du Zaïre lors du *Premier séminaire national des linguistes du Zaïre* qui s'est tenu à Lubumbashi en 1974.

Même si une décision officielle ne les a jamais entérinées, ces propositions semblent, pour le moment, les plus susceptibles de répondre à ce besoin. Elles ont, en effet, la simplicité et la cohérence nécessaires pour une orthographe à la portée de tous.

Certes, comme l'écrivent les auteurs de ce rapport* si les principes proposés ont pris comme point de départ les quatre langues nationales du Zaïre *(lingála, cílúba, kikóongo, kiswahili)* ,

"cela ne signifie nullement que leur champ d'investigation se limite à elles seules. Chaque fois que cela a été possible, il a été tenu compte de faits particuliers existant en dehors de ces quatre langues de telle sorte que la transcription proposée ici peut répondre à la plupart des situations qui se rencontrent dans les autres langues zaïroises."

Etant donné l'étendue du Zaïre et le nombre de langues bantu qui y sont parlées (plusieurs centaines), ces propositions peuvent, en attendant, servir de guide pour des étudiants et des chercheurs d'autres pays qui n'ont pas encore une orthographe officielle pour leurs langues.

Le texte, qui a été présenté au Séminaire sous le titre *Pour une orthographe uniforme et standard des langues zaïroises* , ne sera pas reproduit complètement ici, étant donné certaines considérations spécifiques au cadre et à l'objectif du Séminaire pour lequel il a été conçu. De plus, pour l'adapter au style de ce manuel, nous avons parfois été amenée à dire la même chose avec d'autres mots, tout en respectant scrupuleusement l'esprit de la démarche initiale.

Enfin, il nous paraît très important de souligner que, étant donné le caractère autonome de chaque langue et tenant compte de ce que chaque langue peut avoir ses particularités propres, l'orthographe doit être avant tout cohérente au sein d'une même langue.

En effet, il arrive fréquemment que dans certains travaux d'étudiants, un même mot soit écrit de plusieurs manières dans un même texte. Par exemple, la suite **u-a**, que l'on voit parfois écrite tantôt **/ ua /**, tantôt **/ wa /**, la suite **i-e**, écrite tantôt **/ ie /**, tantôt **/ ye /**, ou encore, pour la nasale palatale **n**, écrite tantôt **/ ni+V /**, tantôt **/ ny+V /**...

Propositions de principes
pour une orthographe fonctionnelle
d'après le Premier séminaire national de linguistes du Zaïre

PRINCIPES GENERAUX

Principe de base

Tout son distinctif doit être représenté par un seul signe.

De ce principe découlent les implications suivantes. Il faut, dans la mesure du possible,

– éviter de recourir à la digraphie (p. ex. **/ ou /** au lieu de **/ u /**, ou à la trigraphie (p. ex. **/ tsh /** au lieu de **/ c /**, etc.;

– éviter de se servir d'un seul signe pour représenter un groupe de sons (p. ex. **/ b /** au lieu de **/ gb /** ;

– éviter d'utiliser plusieurs signes différents pour représenter un même son (p. ex. **/ tsh /** ou **/ ch /** ou **/ tch /** au lieu de **/ c ;/**.

– essayer de représenter tous les traits distinctifs (phonologiques) d'une langue et négliger les traits phonétiques. Cependant, par réalisme et compte tenu des contextes, certains traits phonétiques peuvent apparaître dans l'écriture. C'est ainsi que les allophones d'un même phonème peuvent être notés.

L'orthographe : une convention

Il est bon de ne pas perdre de vue que l'orthographe est essentiellement une convention qui doit viser avant tout l'efficacité, dans la perspective de son apprentissage et de son utilisation par les locuteurs de la langue comme par les étrangers qui lisent et apprennent la langue.

L'orthographe doit être, autant que possible, simple, pratique et même élégante. C'est dans cet esprit, par exemple,
– que le recours à des signes diacritiques doit être limité;
– qu'il faut éviter des signes rébarbatifs et compliqués, des mots trop longs, des traits d'union ou autres signes pour séparer des éléments à l'intérieur d'un mot...

C'est également dans cet esprit que, s'ils ne présentent pas d'inconvénients, les usages établis peuvent être pris en considération.

L'orthographe étant une convention, il peut arriver qu'elle ne reflète pas très fidèlement la structure grammaticale.

Trancription et morphologie

L'orthographe peut avoir une fonction morphologique; cependant, le niveau morphologique ne peut être représenté dans l'écriture que dans la mesure où cette représentation n'entraîne aucun inconvénient. Il serait, par exemple, contraire au réalisme et à l'efficacité de noter, dans une langue donnée, la consonne **z** par **l** tout simplement parce que dans cette langue, **z** vient de **l** devant **i** dans certains environnements.

Transcription et diachronie

La transcription doit éviter de s'embarrasser de considérations d'ordre diachronique; elle doit plutôt s'adapter à l'état actuel de la langue. Il serait par exemple très peu pratique de noter le préfixe de la classe 7 **ci**- par **ki**-, tout simplement parce que dans la langue considérée, ci- provient de ***ki**- proto-bantu. Tout comme il serait malvenu de noter en kiswahili *kilatu* à la place de *kiatu* , soulier, pour la simple raison que *kiatu* dérive historiquement de **kilatu*.

PROPOSITIONS CONCRETES

NOTATION DES FORMES SIMLPES

Les voyelles

• *Système à 5 voyelles.* Les oppositions [e / ɛ] et [o / ɔ] n'étant pas distinctives dans les langues à 5 voyelles, les voyelles ouvertes [ɛ] et [ɔ] ne seront pas maintenues. On écrira / ı, e, a, o, u / .

• *Systèmes à 7 voyelles.* Dans ce système, les 7 voyelles seront toutes représentées : / i, e, ɛ, a, ɔ, o, u /.

• *Voyelles nasalisées.* Dans les langues où la nasalisation des voyelles joue un rôle distinctif, il est recommandé, pour indiquer la nasalisation, d'utiliser le tilde placé sur la voyelle concernée. P. ex. ẽ, õ...

Les consonnes

• *La nasale palatale* [n].Il est recommandé d'utiliser le digraphe **ny** et non **ni**. Ainsi, p. ex. en cílúba *múnyinyí* et non *múniní*.

• *La nasale vélaire* [ŋ] .

– si cette nasale existe comme phonème en l'absence de **g** , il faut la représenter par le digraphe **ng** . C'est le cas p. ex. du cilúba : *ngómá* , tambour au lieu de [ɲómá];

– si elle existe comme phonème opposé à / **g** /, il faut la représenter par **ng**'. C'est le cas p. ex. du kikóongo où l'on oppose:

lung'uná, chantonnez à *luguná,* mentez

kalung'úní ko, ne chantonnez pas à *kalungúní ko,* ne me trompez pas;

– si [ŋ] existe comme allophone de **ng** , le réalisme commande de représenter la distinction dans l'écriture : **ng**' et **ng**. P. ex. , en kiswahili : *ngapi,* combien ; *ng'ombe,* vache.

• *L'affriquée palatale* [dʒ] et *la fricative palatale* [ʒ].

Dans les langues où il n'existe pas de distinction entre ces deux consonnes, on utilisera dans l'écriture le signe **j** . Mais dans les langues où cette distinction existe, on utilisera **j** pour la fricative [ʒ], et **dj** pour l'affriquée [dʒ].

• *L'affriquée palatale sourde* [tʃ] doit être notée partout **c** .

• En vertu du principe de réalisme phonétique, les sons **l** et **r** qui, dans la langue (p. ex. en kiswahili), sont des variantes libres, sont notés distinctement dans l'écriture.

• Pour des raisons pratiques, les consonnes [ɣ] et [f] ne doivent pas être représentées dans l'écriture lorsqu'elles sont respectivement des variantes de / **g** / et de / **p** / .

• Il est souhaitable de généraliser l'utilisation du symbole **z** pour noter la consonne alvéolaire sonore et d'abandonner l'emploi du signe **ʒ** pour représenter cette consonne.

Les semi-voyelles

Les semi-voyelles doivent être notées par leurs signes directs [**y**] et [**w**] dans tous les contextes. Il faut cependant veiller à ne pas confondre la semi-voyelle (p. ex. u + a > wa) avec une simple séquence vocalique (u + a > ua).

Un critère précis peut aider à opérer cette distinction : le nombre de syllabes. A ce critère peut s'ajouter, dans certains contextes - comme celui des voyelles infixes objets -, le critère sémantique. ex., en cílúba :

tùànwè	[tù-à-nwè]	buvons-la (eau, bière...)	(3 syll.)
twánù	[twá-nù]	nous avons bu	(2 syll.)

Les séquences de phonèmes

• *Séquences vocaliques.*

Elles sont en nombre limité étant donné l'importance de la contraction vocalique. De plus, il convient de rappeler ici que les diphtongues n'existent pas dans les langues bantu; mais qu'on a plutôt affaire à des séquences de voyelles appartenant à des syllabes différentes.

Les séquences de voyelles seront directement représentées :

kiswahili	*nimeiona* (ni-me-i-o-na)	je l'ai vu
lingála	*moíbi* (mo-í-bi)	voleur
cílúba	*tuadye* (tu-a-dye)	mangeons-les.

Les séquences de voyelles identiques seront notées par la succession de deux voyelles séparées par une apostrophe. Celle-ci aide à distinguer la séquence de deux voyelles identiques de la voyelle longue, représentée,comme il sera proposé plus loin, par le doublement de la voyelle.

Ceci permettra par exemple de distinguer en cílúba :

ba'ànu   ceux qui la boivent (eau, bière), de

bàanù (banù)   ils ont bu.

• *Séquences consonantiques.*

Trois types de séquences sont courants dans les langues bantu: **NC** , **CS** , **NCS.** A côté de ces séquences typiquement bantu, on peut en rencontrer d'autres, très différentes, dans les emprunts. Il convient de tenir compte de chaque cas particulier.

La quantité vocalique

Dans les langues où la quantité existe avec une valeur distinctive, les voyelles longues doivent être doublées. P. ex. , kikóongo : - *salá,* travailler; *saalá,* reste.

Toutefois, il existe des langues où, dans certains contextes précis et prévisibles, les voyelles sont toujours longues. Dans ce cas, en vertu du principe d'économie de signes, la voyelle longue sera représentée par le signe non doublé. Par exemple, en cílúba, la voyelle est toujours longue devant le complexe nasale+consonne (*VV devant NC*), après le complexe consonne+semi-voyelle *(VV après C+SV >),* après une semi-voyelle initiale d'un mot *(VV après SV)* et lorsqu'elle est l'initiale d'un radical *(-VVR).*

Enfin, certains idéophones et onomatopées attestent parfois une quantité ultra-longue. Dans ce cas, celle-ci peut être représentée par le triplement du signe.

La quantité consonantique

Si elle est distinctive, la quantité consonantique doit se conformer aux mêmes règles que pour la quantité vocalique.

Les tons

Lorsqu'ils remplissent une fonction distinctive, les tons doivent être notés.

• *Les tons simples.* Etant donné que dans sa structure tonale, une langue peut privilégier soit le ton haut, soit le ton bas, il convient, pour ne pas surcharger l'écriture, ne pas noter les tons les plus fréquents.

• *La nasale syllabique.* Si elle est marquée par un ton, celui-ci doit être représenté.

• *Les tons complexes.* D'une manière générale, lorsque rien ne s'y oppose, les tons complexes seront notés par l'accent circonflexe pour le ton descendant et par l'accent antiflexe pour le ton montant. Si, pour des raisons techniques, il est difficile de représenter l'accent antiflexe, on peut doubler la voyelle affectée et marquer d'un ton haut la dernière : **-aá-**, **-oó-** s'il est impossible d'écrire -ǎ-, -ǒ- ...

Mais, dans certaines langues, comme le kikóongo, un ton complexe peut affecter aussi bien une voyelle brève qu'une voyelle longue. On propose dans ce cas d'utiliser,

– pour les voyelles brèves à tons complexes les accents circonflexe et antiflexe :
kikóongo :   *kuběla*   réprimander
                    kulǔta   passons !
– pour les voyelles longues et selon la langue, le ton haut ou le ton bas placé respectivement sur l'une des deux voyelles qui seront toutes les deux représentées :
mbóongo   (c'est) de l'argent
mboóngo   (c'est) la progéniture.

• *Le ton moyen.* Certaines langues bantu possèdent un ton moyen, soit comme ton lexical, soit comme réalisation tonétique du ton montant dans certains contextes. Dans ce cas, il est recommandé de recourir au trait vertical placé sur la voyelle concernée. P. ex., en cílúba

tatwendè >   *tatwẻndè*

Syllabation

Plus haut, on a vu qu'à l'exception de quelques langues où elle est fermée, la syllabe des langues bantu compte généralement un sommet syllabique portant un ton dans les langues à tons et présentant les structures suivantes : -V-, -CV-, -NCV-, -CSV-, -NCSV-. En outre, dans certains mots, une consonne peut à elle seule constituer une syllabe.

Lors du passage d'une ligne à l'autre, le découpage doit tenir compte de cette structure syllabique.

• *Notation de la nasale syllabique.*
– Dans les langues à tons, la nasale syllabique doit toujours porter un ton (haut ou bas) pour ainsi se distinguer d'une simple nasale. P. ex., en kikóongo :

ǹtí	arbre
bańtala	ils le regardèrent
bàǹlútidi	ils l'ont dépassé
ǹnwá	bouche.

– Pour les langues non tonales, il est préférable de ne pas introduire une distinction entre la nasale syllabique et la nasale non syllabique.

NOTATION DES FORMES COMPLEXES

L'orthographe est proposée pour les formes suivantes : le locatif, le connectif, les formes à indices, les formes à élément "médian", les substitutifs possessifs et certaines formes verbales.

Le problème de la notation des mots composés a été jugé plus complexe et moins urgent. Il nécessite au préalable une étude approfondie de la structure des mots composés, étude qui doit montrer le degré d'intégration des parties composantes tant sur le plan formel que sur le plan sémantique.

Le problème qui se pose pour les formes complexes est de savoir si celles-ci doivent être écrites en un mot ou en plusieurs mots.

Dans les orthographes actuellement en usage, la plupart de ces formes sont écrites en plusieurs mots, système qui a été inspiré essentiellement par des situations correspondantes existant dans les langues européennes. Par contre la plupart des linguistes africanistes, se basant sur des critères formels (autonomie, fonction, comportement formel...), écrivent ces formes en un mot. Les propositions qui suivent tiennent compte des usages établis d'une part, et des critères formels d'autre part.

Parmi les critères formels, le plus important et le plus simple est celui de la *séparabilité*, c'est-à-dire la possibilité d'insérer d'autres mots entre les éléments composants la forme complexe. Ce critère est complété aussi bien par celui du degré d'autonomie que par des considérations sur la forme des éléments constitutifs (comportement formel).

Les locatifs (p + F)

• En vertu du critère de séparabilité, les formes locatives seront écrites en deux mots lorsque la forme qui suit est un mot qui, dans d'autres contextes, apparaît isolé dans la langue : *le préfixe + la forme.* P. ex.

kikóongo

mú nzo	dans la maison
mu kóónso nzó	dans chaque maison

cílúba

mu nzùbu	dans la maison
mu eu nzùbu	dans cette maison
ku njila	au bord du chemin

kiswahili

mu nyumba	dans la maison.

• La forme locative sera écrite en un mot si le préfixe locatif est lié à une forme qui n'apparaît pas isolément dans la langue : substantifs sans préfixe, thèmes pronominaux, formes figées.

kikóongo

gánsi	par terre
kúnsi	en dessous
kunzila	dehors

cílúba

mwitu	dans la forêt
panshì	par terre
pambèlu	dehors
kwètù	le chez-nous.

• Dans les langues où il existe, le suffixe locatif **-ni** (ou autre), sera lié au substantif.

Kiswahili	nyumba**ni**	dans la maison.

Le complétif   [pp-(a) + F]

Le complétif sera noté en deux mots : *le préfixe pronominal -(a) + la forme.*

lingála

ndáko **ya** mokonzi	la maison du chef
ndáko **ya** óyo mokonzi	la maison de ce chef
ndáko **ya** wa bísó mokonzi	la maison de notre chef

kikóongo

bááná **bá** mó mágata	les enfants de ces villages
bááná **bá** mágata	les enfants des villages

kiswahili

nyumba **ya** Sultani	la maison du chef
nyumba **ya** yule Sultani	la maison de ce chef

cílúba

nzùbu **wa** mfùmù	la maison du chef
nzùbu **wa** eu mfùmù	la maison de ce chef

Les formes à indices

Les indices seront écrits séparés des formes qui les suivent. Pour rappel, voici les différentes sortes d'indices.
• Indice associatif signifiant, selon le contexte "et, avec, aussi, ainsi". Lingala et kiswahili *na,* cílúba *ne,* kikóongo : *ye .*
• Indice prédicatif "c'est, ce sont" . Kiswahili : *ni, ndi ;* cílúba : N .
• Indice du négatif "ce n'est pas, ce ne sont pas". Kiswahili : *s ;,* cílúba : *kí+prédicatif* ; kikóongo : *ka.* + prédicatif

• Indice présentatif "voici, voilà" . Ciluba : *kí* non suivi de présentatif; kikóongo : *yi.*
• Indice comparatif "comme, tel...". Ciluba : *bu.*
  Ci-après quelques exemples.

Lingala
         nakɛ́í **na** ya ngáí bilɔ́kɔ   je pars avec ma part
                                                                      (de choses)
kiswahili
         ni zile ng'ombe   ce sont mes vaches

cílúba
         ki byèbè bintu ebi   voici votre part (de
                                                                      choses)
kikóongo
         mwáana **ye** móo mankondo   l'enfant avec ces
                                                                      bananes.

    Les indices à forme monophone et homorganique, comme la nasale syllabique prédicative du cílúba N- sont inséparables de la forme qui suit.

         m̀muntu   c'est un homme
         ciibi ǹcikesè   la porte est étroite.

    De même le suffixe associatif tel que -**mpi,** "aussi" du kikóongo, doit être lié

    béétó**mpi**   nous aussi
    bakúlúmúkíní**mpi**   ils descendirent aussi.

Les formes à élément médian

Les éléments médians sont des morphèmes du type *-na, -ina, -ena, -nya, -enye, -si, -isi, -kwa...* signifiant "appartenant à, propriétaire de, originaire de...". Ils sont le plus souvent associés à un nom de clan ou de tribu. A ces éléments médians, on peut associer des morphèmes tels que *sha, she, nya, ina...*signifiant "père de, mère de...".

En vertu du critère d'autonomie lexicale, l'élément médian doit être séparé du mot qui suit par un trait d'union.

Kikóongo
ǹkwá-gata	homme du village
mwísí-mbáansa	citadin
mwísí-Kísáántu	habitant de Kisantu

cílúba
mukwa-Kalonji	de la tribu de Kalonji
mwena-cintu	propriétaire de la chose
Sha-Ntùmbà	père de Ntumba
Mwa-Diiba	mère de Diiba

Si le morphème qui suit l'élément médian est un élément non autonome, comme c'est dans le cas du suffixe objet, les deux doivent être soudés.

Kiswahili
mwenyi**yo**	son propriétaire (de la maison)

cílúba
mwena**cò**	son propriétaire (de la chose)

Les substantifs possessifs

Les substantifs possessifs sont des formes complexes comportant un substantif et un possessif étroitement liés par l'élision du préfixe du possessif (et souvent par un schème tonal spécial).

Il est souhaité, pour simplification, d'écrire ces formes en un seul mot. P. ex., cílúba : *mwáneetu (de mwâna wetu),* "mon frère".

Les formes verbales

Les éléments les plus concernés dans les formes verbales sont : la préinitiale de négation (*ka-, ha-*...), la préinitiale du relatif (préfixe pronominal), et les substitutifs (objet ou sujet : *ye,* préfixe pronominal objet).

• *Les préinitiales* . Les deux préinitiales mentionnées ci-dessus étant étroitement associées à la forme verbale, dans l'écriture, elles doivent être liées à cette dernière.

Kiswahili

hutaki	tu ne veux pas
hatutaki	nous ne voulons pas
hataki	il ne veut pas

cílúba

katùdììle	nous n'avons pas mangé
katùyì	n'allons pas, ne partons pas.

Toutefois, on peut noter séparément certains éléments connaissant une grande mobilité, comme par exemple la particule *ko* qui accompagne le morphème de négation *ka* en kikóongo pour appuyer la négation :

kabalútí **ko**   qu'ils ne passent pas

kabalutídi **ko**   ils ne passent pas

muna nzílá yíina katúlútíláángámó **ko**

par cette route, nous n'y passons jamais.

• *Les formes relatives*. Le préfixe pronominal du relatif doit être lié à la forme verbale.

Kikoongo

    babalútidi   ceux qui viennent de passer

cílúba

    bintu **bi**tùdììlè   les choses que nous avons mangées

Le suffixe substitutif

Toutes les langues bantu ne possèdent pas cette forme de suffixe. Dans les langues où il existe, il doit être lié à la forme à laquelle il se rapporte. P. ex.,

cílúba :

    twâsangànyì bantu**mu**   nous **y** avons trouvé des gens.

kikóongo :

    tutaaambwélé**myo**   nous **les** avons reçus (p. ex. les livres).

Orientations
bibliographiques

Considérations générales

Historique

ACCT
1981. *Etudes africaines en Europe, bilan et inventaire* , 2 tomes, ACCT, Karthala, Paris.

(ACCT : Agence de Coopération Culturelle et Technique).

ALEXANDRE Pierre
1967. *Langues et langages en Afrique Noire* , Bibliothèque Scientifique, Payot, Paris.

BERRY J. et GREENBERG J. H. (éd.)
1971. Linguistics in Sub-Saharan Africa, Vol. 7 dans la série T. A. SEBEOK, *Current trends in linguistics* , Den Haag.

BLOK H. P.
1953. Negro-African linguistics, *Lingua III (3)* , pp.269-294.

CONFEMEN
1986. *Promotion et intégration des langues nationales dans les systèmes éducatifs. Bilan et inventaire,* Librairie Honoré Champion Editeur, Paris.

COLE D. T.
1969. African linguistic studies, 1943-1960, dans C. M. DOKE et D. T. COLE, *Contributions to the history of Bantu linguistics,* Johannesburg, pp.97-107. (Original in *African Studies 19* (1960/4) pp.219-229).

DONEUX Jean L.
1967. Situation de la linguistique africaine aujourd'hui, *Etudes Congolaises, vol. X, 5, sept.-oct.*, Institut National d'Etudes Politiques, Bruxelles, Kinshasa, pp.32-44.

HOUIS Maurice
1971. *Anthropologie linguistique de l'Afrique Noire* , Presses Universitaires de France, Coll. SUP "Le Linguiste", Paris.

JACOBS John
1967. Afrikanische Sprachwissenschaft in Belgien und der Niederlanden, *Stand und Aufgabe, Afrika Heute 21* , pp.1-4.
LEVA A. E.
1969. *Il contributo italiano alla conoscenza delle lingueparlate in Africa* , Instituto Poligrafico delle Stato, Roma.
MANESSY Gabriel
1967. L'Afrique Noire, *Revue de l'enseignement supérieur, La recherche linguistique, 3-4* , pp.173-181.
MEILLET A. et COHEN M. (sous la direction de)
1924. Les Langues de l'Afrique Noire, *Les langues du Monde* , C.N.R.S., Paris, pp.732-940. (2e éd. en 1952).
OLBRECHTS F. M.
1950. L'Activité africaniste belge dans le domaine des sciences de l'homme en 1949, *Zaïre* , juillet, pp.3-16.
THOMAS M. C. J. et BEHAGHEL A.
1980. *La Linguistique africaniste française en France et en Afrique, Le point de la question en 1980* , S.E.L.A.F., Paris.

Les méthodes de la linguistique africaine

BASTIN Y., COUPEZ A. et de HALLEUX B.
1979. Statistiques lexicale et grammaticale pour la classification historique des langues bantoues, *Bulletin des Séances de l'ARSOM (3)* , pp.375-387.
BLEEK W. H. I.
1862-1869. *A comparative grammar of South African languages,* (Part I Phonology; Part II The concord, Section 1 The noun), London.
BOUQUIAUX Luc (éd.)
1976. *Théories et méthodes en linguistique africaine,* communications au 11e Congrès de la S.L.A.O., Yaoundé, avril 1974, Bibliothèque de la S.E.L.A.F., Paris.

1985. *Les problèmes théoriques de la description des langues d'Afrique*, communication au "Séminaire International sur les problèmes actuels de la recherche linguistique dans les pays d'Afrique et des Caraïbes", UNESCO, Paris, 24-27 sept. 1985, (manuscrit).

BOUQUIAUX Luc, GUARISMA Gladys et MANESSY Gabriel (éd.)

1980. *Problèmes de comparatisme et de dialectologie dans les langues africaines*, Bibliothèque de la S.E.L.A.F., Paris.

BOUQUIAUX Luc et THOMAS J.M..C. (éd.)

1976. *Enquête et description des langues à tradition orale* , S.E.L.A.F., numéro spécial 1, 3 vol. 2e éd. Paris, 1971, 5 fasc.).

BOYD Raymond

1974. *Etude comparative dans le groupe Adamawa*, Bibliothèque de la S.E.L.A.F., Paris.

BOYD Raymond et CLOAREC-HEISS (éd.)

1978. *Etudes comparatives,* Bibliothèque de la S.E.L.A.F., Paris

CAPRILE Jean-Pierre (éd.)

1977. *Etudes phonologiques tchadiennes*, Bibliothèque de la S.E.L.A.F., Paris.

COOK Thomas (cf. WILLIAMSON K. éd.)

1968. *Benue-Congo comparative word list,* Vol. 2, West African Ling. Soc., University of Ibadan, 2 vol., Ibadan.

COUPEZ André

1980. Le lexique proto-bantu : acquis et perspectives, *L'expansion bantoue,* Actes du Colloque international du CNRS à Viviers en 1977, éd. par L. BOUQUIAUX, L. HYMAN et J. VOORHOEVE, S.E.L.A.F., Paris, pp. 354-363.

1980. *Abrégé de grammaire rwanda,* I.N.R.S., 2 vol., Butare.

COUPEZ A. et MUMBA E.

Bantu lexical reconstructions II, fichier disponible au M.R.A.C., Section Linguistique, Tervuren.

DAELEMAN Jan

1972. *Historique du bantu,* notes de cours, CELTA, Université Nationale du Zaïre, Lubumbashi.

de BOECK L.-B.

1942. *Premières applications de la géographie linguistique aux langues bantoues,* Institut Royal Colonial Belge X, 5, Bruxelles.

DELAFOSSE M.

1914. *Esquisse générale des langues de l'Afrique,* Paris. (2e éd. en 1930).

DOKE C.M.

1943. *Outline grammar of Bantu,* Johannesburg.

DONEUX Jean

1967. Données sur la classe 15 nominale en bantou, *Africana Linguistica III,* Ann. Ling. 61, M.R.A.C., Tervuren, pp. 61-130

FLIGHT Colin

1980. Malcolm Guthrie and the reconstruction of Bantu prehistory, dans *History in Africa 7,* pp. 81-118.

GREENBERG J.H.

1955. *Studies in African Linguistic Classification,* New Haven.

1963. *The languages of Africa,* 's-Gravenhage, Mouton, Den Haag.

GUTHRIE Malcolm

1967-1971. *Comparative Bantu: An introduction to the comparative linguistics and Prehistory of the Bantu languages, 4 vol .*
Part I. Vol.1 : *The comparative linguistics of the Bantu languages .*
Vol.2 : *An Outline of Bantu prehistory .*
Part II. Vol.3 et 4 : *A catalogue of Common Bantu with commentary,* Farnborough, Gregg Press.

HOMBURGER L.

1914. *Etude sur la phonétique historique du Bantou,* Bibliothèque de l'Ecole des Hautes Etudes, 209, Paris.

HOUIS Maurice

1965. *Aperçu sur les structures grammaticales des langues africaines,* (ronéo), Lyon.

JOHNSTON H. H.

1919-1922. *A comparative study of the Bantu and Semi-Bantu languages,* 2 vol., Oxford.

JUNGRAITHMAYR H. et SHIMIZU K.

1981. *Chadic lexical roots,* vol. 2, Berlin.

JUNGRAITHMAYR H. et MÖHLIG W. J. G.

1983. *Lexikon der Afrikanistik : Afrikanische Sprachen und irhe Erforschung,* Berlin.

KOELLE S.W.

1854. *Polyglotta Africana, or a comparative vocabulary of nearly 300 words and phrases in more than one hundred distinct African Languages,* London (reprinted 1963, Akademische Druck - und Verlagsanstalt et Fourah-bay College, Graz).

MANESSY G.

1969. *Les langues gurunsi : essai d'application de la méthode comparative à un groupe de langues voltaïques,* Bulletin de la S.E.L.A.F., 2 vol., 12 et 13, Paris.

MEEUSSEN A. E.

1959. *Essai de grammaire rundi,* Annales du Musée Royal du Congo Belge 8, (24), Tervuren.

1967. Bantu grammatical reconstructions, *Africana Linguistica III, Ann. Ling. 61,* M.R.A.C., Tervuren, pp. 79-121.

MEINHOF C.

1899. *Grundriss einer Lautlehre der Bantusprachen nebst einer Anleitung zur Aufnahme von Bantusprachen,* Leipzig, (2e édition en 1910), Berlin; adapt. ang. par A. WERNER et J. N. VAN WARMELO sous le titre *Introduction to the phonology of the Bantu languages,* 1932, Dietrich Reimer, Berlin.

1906. *Grundzüge einer vergleichenden Grammatik der Bantusprachen,* Berlin, (2e édition en 1948 à Berlin)

MUKAROVSKY H.

1976-1977. *A Study of Western Nigritic,* 2 vol., multigr., Université de Vienne, Vienne.

STAPPERS Leo

1972. *Principes de linguistique historique africaine.* 1) Phonétique historique bantu (l'évolution à partir du proto-bantu vers les langues bantu actuelles), 2) Glottochronologie appliquée aux langues bantu, notes de cours, Université Nationale du Zaïre, Lubumbashi.

TORREND J.

1891. *A comparative grammar of the South-African Bantu languages,* London.

TUCKER A. N.

1940. *The Eastern Sudanic Languages,* London.

1964. Bantu philology, *Mitteilungen des Instituts für Orientforschung 10,* pp. 207-215.

VOORHOEVE Jan

1971. The Linguistic unit Mbam-Nkam (Bamileke, Bamun and related languages), *Journal of African Languages 10,* 2, pp. 1-12.

WELMERS W. E.

1973. *African language structures,* University of California Press, Berkeley, Los Angeles, London.

WESTERMANN D.

1911. *Die Sudansprachen : eine sprachvergleichende Studie,* Hambourg.

1927. *Die westlichen Sudansprachen und ihre Beziehungen zum Bantu,* Berlin

WILLIAMSON Kay et SHIMIZU Kiyoshi (éd.) (cf. COOK T.)

1968. *Benue-Congo comparative wordlist,* vol. 1, West African Ling. Soc., University of Ibadan, Ibadan (2 volumes).

Classification des langues africaines

BARRETEAU Daniel (sous la direction de)
1978. *Inventaire des études linguistiques sur les pays d'Afrique noire d'expression française et sur Madagascar* , C.I.L.F.-S.E.L.A.F., Paris.

BENDER L. (éd.)
1976. *The non-Semitic languages of Ethiopia* , East Lansing (Michigan).

BENDER M. et alii
1976. *Language in Ethiopia* , London.

BLEEK Wilhelm H. I.
A comparative grammar of South African Languages,
1862. Part 1, *Phonology,* London,
1869. Part 2, *The Concord,* Sect. 1. *The noun,* London (Réimpr. 1971).

DALBY David
1965. The Mel languages: A reclassification of Southern "West Atlantic", *African Language Studies 6* , pp. 1-17.
1970. Reflections on the classification of African languages, with special reference to the work of S. W. Koelle and M. Guthrie, *A.L.S. 11* , pp.147-171.
1971. A Referential approach to the classification of African languages, *Papers in African Linguistics* (Chin Wu Kim and Stahlke H. ed.), Edmonton, Linguistic Research, Inc, pp.17-31.
1977. *Language map of Africa and the Adjacent Islands* , International African Institute, London.

DELAFOSSE M.
1914. *Esquisse générale des langues de l'Afrique et plus particulièrement de l'Afrique Française* , Paris.
1924. Les Langues du Soudan et de la Guinée, dans *Les Langues du Monde* (A. MEILLET et D. COHEN éd.), Champion, Paris, pp. 463-560. (2e éd. 1952 : pp. 733-845).

FIVAZ D. et SCOTT P. E.

1977. *African languages: A genetic and decimalized classification for biblographical and general reference* , Boston.

FODOR István

1966. *The problems in the classification of the African Languages,* Center for Afro-Asiatic Research of the Hungarian Academy of Sciences, Budapest.

GREENBERG Joseph H.

1954. Studies in African linguistic classification, Part 8, *Southwestern Journal of Anthropology 10* , pp.405-415.

1955. *Studies in African linguistic classification* , Conn. Compass, Branford.

1963. *The Languages of Africa* , Mouton, Den Haag.(2e éd. en 1966 et 3e en 1971).

1971. Nilo-Saharan and Meroitic, dans *Current trends in linguistics 7, Linguistics in Sub-Saharan Africa* (T. SEBEOK ed.), Mouton, Den Haag, Paris, pp.421-442.

GREGERSEN Edgar A.

1977. *Language in Africa : An introductory survey* , New York, Paris, London.

GUARISMA G. et MÖHLIG W. J. G. (éd.)

1986. *La méthode dialectométrique appliquée aux langues afri-caines* , D. Reimer, Berlin.

HEINE B.

1970. *Status and use of African lingua francas* , München.

1976. *A typology of African languages based on the order of mea-ningful elements* , Kölner Beiträge zur Afrikanistik 4, Berlin.

HEINE B. et MÖHLIG W. J. G. (éd.)

1980. L*anguage and Dialect Atlas of Kenya* , Vol. 1, HEINE B. et MÖHLIG W.J.G., *Geographical and historical introduction* , Vol. 2, HEINE B., The non-Bantu languages of Kenya, Dietrich Reimer, Berlin.

HEINE B., SCHADEBERG T. et WOLFF (éd.)

1981. *Die Sprachen Afrikas* , Hamburg.

HOUIS M.

1953. Trois Essais de classification des langues de l'Afrique noire occidentale, *NoAf* , 60, pp.118-9.

JUNGRAITHMAYR Hermann

1978. Langues du Soudan oriental, dans *Les langues dans le monde ancien et moderne* (PERROT J. éd.), C.N.R.S., Paris.

LAVERGNE de TRESSAN M.

1953. *Inventaire linguistique de l'Afrique Occidentale Française et du Togo* , I.F.A.N., Dakar.

MANESSY Gabriel

1975. *Les langues oti-volta. Classification généalogique d'un groupe de langues voltaïques* , S.E.L.A.F., Coll. Langues et civilisations à tradition orale 15, Paris.

1979. *Contribution à la classification généalogique d'un groupe de langues voltaïques* , Paris.

MEINHOF Carl

1910. *Die moderne Sprachforschung in Afrika* , Berlin.

MÖHLIG Wilhelm J. C.

1980. La dialectométrie: une méthode de classification synchronique en Afrique, dans *Dialectologie et comparatisme en Afrique Noire* , (G. GUARISMA et S. PLATIEL, éd.), S.E.L.A.F., Paris, pp.27-45.

1985. *General problems of classification of African Languages* , communication au "Séminaire International sur les problèmes actuels de la recherche linguistique dans les pays d'Afrique et des Caraïbes", UNESCO, Paris, 24-27 sept. 1985, (manuscrit).

PERROT Jean (ss. la dir. de)

1981. *Les langues dans le monde ancien et moderne, I. Les langues de l'Afrique subsaharienne (textes réunis par G.

MANESSY), II. Pidgins et créoles (textes réunis par A. VALDMAN), C.N.R.S., Paris.

SAPIR D.

1971. West Atlantic : An inventory of the languages, their noun class systems and consonant alternation, dans *Linguistics in Sub-Saharan Africa, Current trends in Linguistics 7,* (SEBEOK T. éd.), Mouton, Den Haag, Paris., pp. 45-112

STEWART J. M.

1971. Niger-Congo, Kwa, dans *Current trends in Linguistics 7,* (SEBEOK T. éd.), Mouton, Den Haag, Paris, pp.179-212.

TUCKER A. N. et BRYAN M. A.

1956. *The non-Bantu languages of North-Eastern Africa,* Handbook of African Languages, Part III, Oxford University Press, I.A.I., London.

1966. *Linguistic analyses: The non-Bantu languages of North-Eastern Africa,* Handbook of African Languages, Oxford, I.A.I., London.

VOEGELIN, C.F. et F. M.

1977. *Classification and index of the world's languages,* Indiana University Foundation, Elsevier, New York, Oxford.

WESTERMANN D. et BRYAN M. A.

1952. *The Languages of West Africa,* Handbook of African Languages, Part II, Oxford University Press, I.A.I., London. 2e éd. en 1970.: *Languages of West Africa, with a supplementary bibliography by D. W. ARNOTT,* Handbook of African Languages, Part II, Dawsons of Pall Mall for I.A.I., Folkestone, London.

WESTPHAL E. D. J.

1962. A re-classification of Southern African Non-Bantu Languages, *Journal of African Languages 1 : 1, pp. 1-8.*

WILLIAMSON K.

1971. The Benue-Congo Languages and Ijo, dans *Linguistics in Sub-Saharan Africa, Current trends in linguistiics 7,* (T. SEBEOK éd.), Mouton, Den Haag, Paris, pp.245-306.

Famille linguistique bantu

ALEXANDRE Pierre

1959. Développement récent des études bantu à Londres, *Journal de la Société des Africanistes XXIX, II* , pp.297-307.

1968. Le Bantu et ses limites, *Le Langage* , (ss. la dir. de A. MARTINET), N.R.F. Gallimard, Encyclopédie de la Pléiade, Paris, pp.1388-1413.

1981. Langues bantu, *Les Langues dans le monde ancien et moderne* , (ss. la dir. de Jean PERROT), C.N.R.S., Paris, pp.351-397.

BASTIN Yvonne

1975. *Bibliographie bantoue sélective,* Archives d'Anthropologie 24, Tervuren. Pour les ouvrages bibliographiques et un complément bibliographique, se référer à la bibliographie établie par le même auteur dans *Inventaire des études linguistiques sur les pays d'Afrique d'expression française et sur Madagascar* , BARRETEAU Daniel (sous la direction de), op. cit., pp. 172-185.

1979. Statistique grammaticale et classification des langues bantoues, *Linguistics in Belgium II* , Bruxelles, pp.17-37.

BASTIN Y., COUPEZ A. et de HALLEUX B.

1983. Classification lexicostatistique des langues bantoues (214 relevés), *Bulletin des Séances de l'Académie Royale des Sciences d'Outre-Mer, vol. 27* , (2), pp.173-198.

BENNETT P. R. et STERK J. P.

1977. South Central Niger-Congo: A re-classification, *Studies in African Linguistics VIII* , (3), pp.240-273.

BOUQUIAUX Luc, HYMAN L. et VOORHOEVE J. (éd.)

1980. *L'Expansion bantoue.* Actes du Colloque International du CNRS, à Viviers en 1977 , 3 vol., S.E.L.A.F., Paris.

BOURQUIN W.

1923. *Neue Ur-Bantu -Wortstämme* , Berlin

1953/1954. Weitere Ur-Bantu-Wortstämme, *Afrika uns Übersee* 38, pp. 27-48.

BRYAN M.

1959. *The Bantu languages of Africa* , Handbook of African Languages, I.A.I., Oxford University Press, London, (2e éd. en 1961).

BURSSENS A.

1954. *Introduction à l'étude des langues bantoues du Congo Belge*, De Sikkel, coll. Kongo-Overzee Bibliotheek VIII, Antwerpen.

1971. A Consolidated classification of the Bantu languages, *African Studies* 30, pp. 213-236.

COUPEZ André

1975. La Variabilité lexicale en bantou, *African Languages /Langues Africaines 1* , pp.164-203.

COUPEZ A., EVRARD E. et VANSINA J.

1975. Classification d'un échantillon de langues bantoues d'après la lexicostatistique, *Africana Linguistica VI, Ann. Ling.* 131-158.

DE ROP A.

1963. Introduction à la linguistique bantoue congolaise, Mimosa, Bruxelles.

DOKE C.

1954. *The Southern Bantu languages..* Handbook of African Languages, I.A.I., London.

DONEUX Jean

1965. Bibliographie du programme LOLEMI, *Africana Linguistica II, Ann. Ling. 55* , M.R.A.C., Tervuren, pp.199-221.

EHRET C.

1972. Bantu origins and history: critique and interpretation, *Transafrican Journal of History 2* , (1), pp.1-9.

1972. Outlining Southern African history: A re-evaluation AD 100-1500, *Ufahamu 3* , (1), pp.9-38.

1973. Patterns of Bantu and central Sudanic settlement in Central and Southern Africa (c. 100 BC to 500 AD), *Transafrican Journal of History 3*, (1), pp.1-71.

GUTHRIE Malcolm

1948. *The Classification of the Bantu languages*, Oxford University Press, London, New York, Toronto.

1953. *The Bantu languages of Western Equatorial Africa*, Handbook of African Languages, I.A.I., London.

1962. A two-stage method of comparative Bantu study, African *Language Studies*, Vol. III, pp.1-24.

1967-1971. *Comparative Bantu: An introduction to the comparative linguistics and Prehistory of the Bantu languages, 4 vol.*
> Part I. Vol.1 : *The comparative linguistics of the Bantu languages*.
> Vol.2 : *An Outline of Bantu prehistory*.
> Part II. Vol.3 et 4 : *A catalogue of Common Bantu with commentary*, Farnborough, Gregg Press.

HEINE B.

1973. Zur genetischen Gliederung der Bantu-Sprachen, *Afrika und Übersee 56*, (3), pp.164-185.

HEINE B., HOFF H. et VOSSEN R.

1977. Neuere Ergebnisse zur Territorialgeschichte der Bantu, *Zur Sprachgeschichte und Ethnohistorie in Afrika. Neue Beiträge afrikanistischer Forschungen*, (W. J. G. MÖHLIG, F. ROTTLAND et B. HEINE eds), Dietrich Reimer, Berlin, pp.57-72.

KNAPPERT J.

1970. *Un siècle de classification des langues bantoues 1844-1945*, Etudes Africaines du C.R.I.S.P., Bruxelles.

MEEUSSEN A. E.

1965. *Bibiography of Proto-Bantu*, Musée Royal de l'Afrique Centrale, Tervuren.

MÖHLIG Wilhelm J.G.

1976. Guthries Beitrag zur Bantuistik aus heutiger Sicht, *Anthropos (Zeitschrift für Völker-und Sprachenkunde)*, Vol. 71, pp.673-715.

1979. The Bantu nucleus: its conditional nature and its prehistorical significance, *Sprache und Geschichte in Afrika*, Vol 1, pp.109-141.

1980. Bantu languages, *Language and Dialect Atlas of Kenya*, Vol.1, Dietrich Reimer, Berlin, pp.11-53.

1981. Stratification in the history of the Bantu languages, *Sprache und Geschichte in Afrika*, Vol. III, pp.251-316.

STAPPERS Leo

1953. In hoeverre verschilt het Kisongye van het Tshiluba? *Aequatoria 16,* (1), pp.1-17.

1970. *Grammaire comparée bantu,* notes de cours, Université Lovanium, Kinshasa, (polycopié).

1974. *Introduction à la linguistique africaine,* notes de cours, Université de Lubumbashi, Lubumbashi, (polycopié).

TORREND J.

1891. *A Comparative grammar of the South-African Bantu Languages*, London.

VAN BULCK G.

1949. *Manuel de linguistique bantoue*, Mémoires, Institut Royal Colonial Belge, Tome XVII, 3, Bruxelles.

VANSINA Jan

1979. Bantu in the Cristal Ball, *History in Africa 6,* pp. 287-333.

1980. Bantu in the Cristal Ball, *History in Africa 7*, pp. 293-325.

1984. Western Bantu Expansion, *Journal of African History 25*, pp. 129-145.

1985. *Expansion et identité culturelle des Bantu*, Document de travail préparé pour le "Colloque International sur les Migrations, l'Expansion et l'Identité Culturelle des Peuples Bantu", Centre International des Civilisations Bantu, (CICIBA) Libreville, 1-6 avril 1985, (manuscrit).

VOORHOEVE Jan

1975. *Les Langues bantoues du Cameroun* , Leiden, (manuscrit).

Eléments de phonologie et de morphophonologie

DAELEMAN Jan

1983. Tone-groups and tone-cases in a Bantu tone-language, *ITL (Review of Applied Linguistics) 60-61* , pp.131-141.

DALBY David

1984. *Clavier international de Niamey* , A.C.C.T., Paris.

GREENBERG J. H.

1948. The tonal system of Proto-Bantu, *Word* , 4, pp.196-208.

1951. Vowel and nasal harmony in Bantu Languages, *Zaïre* , V, pp. 811-820.

INSTITUT AFRICAIN INTERNATIONAL

1980. *Orthographe pratique des langues africaines* . *Alphabet "Africa"* (1er éd. en 1927, 2e éd. revue en 1930), Paris.

JOUANNET Francis

1985. *Prosodie et phonologie non linéaire,* S.E.L.A.F. (Linguistique générale 1), Paris.

1987. *Modèle informatisé du traitement des tons (Domaine bantu),* S.E.L.A.F/ A.C.C.T., Paris.

SMALLEY William A.

1964. *Manuel of articulatory phonetics*, (Reviewed Edition), Practical Anthropology, New York.

STAPPERS Leo

1970. *Phonétique historique des langues bantu* , notes de cours, Université Lovanium, Kinshasa.

THOMAS J. M.-C., BOUQUIAUX L. et CLOAREC-HEISS F.

1976. *Initiation à la phonétique. Phonétique articulatoire et phonétique distinctive* , P.U.F., Paris.

UNESCO
1981. *African languages. Proceedings of the meeting of experts on the transcription and harmonization of African languages, Niamey (Niger), 17-21 July 1978*, Paris.

VAN SPAANDONCK M.
1967. Morfotonologische analyse in Bantutalen (Rijksuniversiteit te Gent), Tongeren, traduit en français par L. BOUQUIAUX en 1971 sous le titre *L'Analyse morphotonologique dans les langues bantoues*, Bibliothèque de la S.E.L.A.F., Paris.

WESTERMANN D. et WARD I. C.
1933. *Practical phonetics for students of African languages*, Oxford University Press for International African Institute, London (2e éd. en 1949).

(——)
1949. *The Principles of the International Phonetic Association*, (1971, 2e édition), I.P.A., London.

Index

Liste alphabétique des langues citées

Table des matières

Première partie
Considérations générales

Chapitre I
Les débuts de la linguistique africaine scientifique

Chapitre II

Classification des langues africaines

Deuxième partie

La famille linguistique bantu

Chapitre III

Le domaine bantu

Troisième partie

Eléments de phonologie et de morphophonologie

Chapitre IV

Eléments articulatoires

Chapitre V
Eléments de morphophonologie

Annexes et documents
Ecriture et orthographe

Orientations bibliographiques

Index des langues citées

BCILL 5: *Language in Sociology*, **éd. VERDOODT A. ET KJOLSETH Rn,** 304 pp., 1976. Prix: 760,- FB.
From the 153 sociolinguistics papers presented at the 8th World Congress of Sociology, the editors selected 10 representative contributions about language and education, industrialization, ethnicity, politics, religion, and speech act theory.

BCILL 6: **HANART M.,** *Les littératures dialectales de la Belgique romane: Guide bibliographique*, 96 pp., 1976 (2ᵉ tirage, corrigé de CD 12). Prix: 340,- FB.
En ce moment où les littératures connexes suscitent un regain d'intérêt indéniable, ce livre rassemble une somme d'informations sur les productions littéraires wallonnes, mais aussi picardes et lorraines. Y sont également considérés des domaines annexes comme la linguistique dialectale et l'ethnographie.

BCILL 7: *Hethitica II*, **éd. JUCQUOIS G. et LEBRUN R.,** avec la collaboration de DEVLAMMINCK B., II-159 pp., 1977, Prix: 480,- FB.
Cinq ans après *Hethitica I* publié à la Faculté de Philosophie et Lettres de l'Université de Louvain, quelques hittitologues belges et étrangers fournissent une dizaine de contributions dans les domaines de la linguistique anatolienne et des cultures qui s'y rattachent.

BCILL 8: **JUCQUOIS G. et DEVLAMMINCK B.,** *Complèments aux dictionnaires étymologiques du grec.* Tome I: A-K, II-121 pp., 1977. Prix: 380,- FB.
Le *Dictionnaire étymologique de la langue grecque* du regretté CHANTRAINE P. est déjà devenu, avant la fin de sa parution, un classique indispensable pour les hellénistes. Il a fait l'objet de nombreux comptes rendus, dont il a semblé intéressant de regrouper l'essentiel en un volume. C'est le but que poursuivent ces *Compléments aux dictionnaires étymologiques du grec.*

BCILL 9: **DEVLAMMINCK B. et JUCQUOIS G.,** *Compléments aux dictionnaires étymologiques du gothique.* Tome I: A-F, II-123 pp., 1977. Prix: 380,- FB.
Le principal dictionnaire étymologique du gothique, celui de Feist, date dans ses dernières éditions de près de 40 ans. En attendant une refonte de l'œuvre qui incorporerait les données récentes, ces compléments donnent l'essentiel de la littérature publiée sur ce sujet.

BCILL 10: **VERDOODT A.,** *Les problèmes des groupes linguistiques en Belgique: Introduction à la bibliographie et guide pour la recherche*, 235 pp., 1977 (réédition de CD 1). Prix: 590,- FB.
Un «trend-report» de 2.000 livres et articles relatifs aux problèmes socio-linguistiques belges. L'auteur, qui a obtenu l'aide de nombreux spécialistes, a notamment dépouillé les catalogues par matière des bibliothèques universitaires, les principales revues belges et les périodiques sociologiques et linguistiques de classe internationale.

BCILL 11: **RAISON J. et POPE M.,** *Index transnuméré du linéaire A,* 333 pp., 1977. Prix: 840,- FB.
Cet ouvrage est la suite, antérieurement promise, de RAISON-POPE, Index du linéaire A, Rome 1971. A l'introduction près (et aux dessins des «mots»), il en reprend entièrement le contenu et constitue de ce fait une édition nouvelle, corrigée sur les originaux en 1974-76 et augmentée des textes récemment publiés d'Arkhanès, Knossos, La Canée, Zakro, etc., également autopsiés et rephotographiés par les auteurs.

BCILL 12: **BAL W. et GERMAIN J.**, *Guide bibliographique de linguistique romane*, VI-267 pp., 1978. Prix 685,- FB., ISBN 2-87077-097-9, 1982, ISBN 2-8017-099-1.
Conçu principalement en fonction de l'enseignement, cet ouvrage, sélectif, non exhaustif, tâche d'être à jour pour les travaux importants jusqu'à la fin de 1977. La bibliographie de linguistique romane proprement dite s'y trouve complétée par un bref aperçu de bibliographie générale et par une introduction bibliographique à la linguistique générale.

BCILL 13: **ALMEIDA I.**, *L'opérativité sémantique des récits-paraboles. Sémiotique narrative et textuelle. Herméneutique du discours religieux.* Préface de Jean LADRIÈRE, XIII-484 pp., 1978. Prix: 1.250,- FB.
Prenant comme champ d'application une analyse sémiotique fouillée des récitsparaboles de l'Évangile de Marc, ce volume débouche sur une réflexion herméneutique concernant le monde religieux de ces récits. Il se fonde sur une investigation épistémologique contrôlant les démarches suivies et situant la sémiotique au sein de la question générale du sens et de la comprehension.

BCILL 14: *Études Minoennes I: le linéaire A*, **éd. Y. DUHOUX**, 191 pp., 1978. Prix: 480,- FB.
Trois questions relatives à l'une des plus anciennes écritures d'Europe sont traitées dans ce recueil; évolution passée et état présent des recherches; analyse linguistique de la langue du linéaire A; lecture phonétique de toutes les séquences de signes éditées à ce jour.

BCILL 15: *Hethitica III*, 165 pp., 1979. Prix: 490,- FB.
Ce volume rassemble quatre études consacrées à la titulature royal hittite, la femme dans la société hittite, l'onomastique lycienne et gréco-asianique, les rituels CTH 472 contre une impureté.

BCILL 16: **GODIN P.**, *Aspecten van de woordvolgorde in het Nederlands. Een syntaktische, semantische en functionele benadering*, VI + 338 pp., 1980. Prix: 1.000,- FB., ISBN 2-87077-241-6.
In dit werk wordt de stelling verdedigd dat de woordvolgorde in het Nederlands beregeld wordt door drie hoofdfaktoren, nl. de syntaxis (in de engere betekenis van dat woord), de semantiek (in de zin van distributie van de dieptekasussen in de oppervlaktestruktuur) en het zgn. functionele zinsperspektief (d.i. de distributie van de constituenten naargelang van hun graad van communicatief dynamisme).

BCILL 17: **BOHL S.**, *Ausdrucksmittel für ein Besitzverhältnis im Vedischen und griechischen*, III + 108 pp., 1980. Prix: 360,- FB., ISBN 2-87077-170-3.
This study examines the linguistic means used for expressing possession in Vedic Indian and Homeric Greek. The comparison, based on a select corpus of texts, reveals that these languages use essentially inherited devices but with differing frequency ratios, in addition Greek has developed a verb "to have", the result of a different rhythm in cultural development.

BCILL 18: **RAISON J. et POPE M.**, *Corpus transnuméré du linéaire A*, 350 pp., 1980. Prix: 1.100,- FB.
Cet ouvrage est, d'une part, la clé à l'Index transnuméré du linéaire A des mêmes auteurs, BCILL 11: de l'autre, il ajoute aux recueils d'inscriptions déjà publiés de plusieurs côtés des compléments indispensables; descriptions, transnumérations, apparat critique, localisation précise et chronologie détaillée des textes, nouveautés diverses, etc.

BCILL 19: **FRANCARD M.**, *Le parler de Tenneville. Introduction à l'étude linguistique des parlers wallo-lorrains*, 312 pp., 1981. Prix: 780,- FB., ISBN 2-87077-000-6.
Dialectologues, romanistes et linguistes tireront profit de cette étude qui leur fournit une riche documentation sur le domaine wallo-lorrain, un aperçu général de la segmentation dialectale en Wallonie, et de nouveaux matériaux pour l'étude du changement linguistique dans le domaine gallo-roman. Ce livre intéressera aussi tous ceux qui sont attachés au patrimoine culturel du Luxembourg belge en particulier, et de la Wallonie en général.

BCILL 20: **DESCAMPS A. et al.**, *Genèse et structure d'un texte du Nouveau Testament. Étude interdisciplinaire du chapitre 11 de l'Évangile de Jean*, 292 pp., 1981. Prix: 895,- FB.
Comment se pose le problème de l'intégration des multiples approches d'un texte biblique? Comment articuler les unes aux autres les perspectives développées par l'exégèse historicocritique et les approches structuralistes? C'est à ces questions que tentent de répondre les auteurs à partir de l'étude du récit de la résurrection de Lazare. Ce volume a paru simultanément dans la collection «Lectio divina» sous le n° 104, au Cerf à Paris, ISBN 2-204-01658-6.

BCILL 21: *Hethitica IV*, 155 pp., 1981. Prix: 390,- FB., ISBN 2-87077-026.
Six contributions d'E. Laroche, F. Bader, H. Gonnet, R. Lebrun et P. Crepon sur: les noms des Hittites; hitt. zinna-; un geste du roi hittite lors des affaires agraires; vœux de la reine à Istar de Lawazantiya; pauvres et démunis dans la société hittite; le thème du cerf dans l'iconographie anatolienne.

BCILL 22: **J.-J. GAZIAUX**, *L'élevage des bovidés à Jauchelette en roman pays de Brabant. Étude dialectologique et ethnographique*, XVIII + 372 pp., 1 encart, 45 illustr., 1982. Prix: 1.170,- FB., ISBN 2-87077-137-1.
Tout en proposant une étude ethnographique particulièrement fouillée des divers aspects de l'élevage des bovidés, avec une grande sensibilité au facteur humain, cet ouvrage recueille le vocabulaire wallon des paysans d'un petit village de l'est du Brabant, contrée peu explorée jusqu'à présent sur le plan dialectal.

BCILL 23: *Hethitica V*, 131 pp., 1983. Prix: 330,- FB., ISBN 2-87077-155-X.
Onze articles de H. Berman, M. Forlanini, H. Gonnet, R. Haase, E. Laroche, R. Lebrun, S. de Martino, L.M. Mascheroni, H. Nowicki, K. Shields.

BCILL 24: **L. BEHEYDT**, *Kindertaalonderzoek. Een methodologisch handboek*, 252 pp., 1983. Prix: 620,- FB., ISBN 2-87077-171-1.
Dit werk begint met een overzicht van de trends in het kindertaalonderzoek. Er wordt vooral aandacht besteed aan de methodes die gebruikt worden om de taalontwikkeling

te onderzoeken en te bestuderen. Het biedt een gedetailleerd analyserooster voor het onderzoek van de receptieve en de produktieve taalwaardigheid zowel door middel van tests als door middel van bandopnamen. Zowel onderzoek van de woordenschat als onderzoek van de grammatica komen uitvoerig aan bod.

BCILL 25: **J.-P. SONNET**, *La parole consacrée. Théorie des actes de langage, linguistique de l'énonciation et parole de la foi*, VI-197 pp., 1984. Prix: 520,- FB. ISBN 2-87077-239-4.
D'où vient que la parole de la foi ait une telle force?
Ce volume tente de répondre à cette question en décrivant la «parole consacrée», en cernant la puissance spirituelle et en définissant la relation qu'elle instaure entre l'homme qui la prononce et le Dieu dont il parle.

BCILL 26: **A. MORPURGO DAVIES - Y. DUHOUX (ed.)**, *Linear B: A 1984 Survey, Proceedings of the Mycenaean Colloquium of the VIIIth Congress of the International Federation of the Societies of Classical Studies (Dublin, 27 August-1st September 1984)*, 310 pp., 1985. Price: 850 FB., ISBN 2-87077-289-0.
Six papers by well known Mycenaean specialists examine the results of Linear B studies more than 30 years after the decipherment of script. Writing, language, religion and economy are all considered with constant reference to the Greek evidence of the First Millennium B.C. Two additional articles introduce a discussion of archaeological data which bear on the study of Mycenaean religion.

BCILL 27: *Hethitica VI*, 204 pp., 1985. Prix: 550 FB. ISBN 2-87077-290-4.
Dix articles de J. Boley, M. Forlanini, H. Gonnet, E. Laroche, R. Lebrun, E. Neu, M. Paroussis, M. Poetto, W.R. Schmalstieg, P. Swiggers.

BCILL 28: **R. DASCOTTE**, *Trois suppléments au dictionnaire du wallon du Centre*, 359 pp., 1 encart, 1985. Prix: 950 FB. ISBN 2-87077-303-X.
Ce travail comprend 5.200 termes qui apportent un complément substantiel au *Dictionnaire du wallon du Centre* (8.100 termes). Il est le fruit de 25 ans d'enquête sur le terrain et du dépouillement de nombreux travaux dont la plupart sont inédits, tels des mémoires universitaires. Nul doute que ces *Trois suppléments au dictionnaire du wallon du Centre* intéresseront le spécialiste et l'amateur.

BCILL 29: **B. HENRY**, *Les enfants d'immigrés italiens en Belgique francophone, Seconde génération et comportement linguistique*, 360 pp., 1985. Prix: 950 FB. ISBN 2-87077-306-4.
L'ouvrage se veut un constat de la situation linguistique de la seconde génération immigrée italienne en Belgique francophone en 1976. Il est basé sur une étude statistique du comportement linguistique de 333 jeunes issus de milieux immigrés socio-économiques modestes. Des chiffres préoccupants qui parlent et qui donnent à réfléchir...

BCILL 30: **H. VAN HOOF**, *Petite histoire de la traduction en Occident*, 105 pp., 1986. Prix: 380 FB. ISBN 2-87077-343-9.
L'histoire de notre civilisation occidentale vue par la lorgnette de la traduction. De l'Antiquité à nos jours, le rôle de la traduction dans la transmission du patrimoine gréco-latin, dans la christianisation et la Réforme, dans le façonnage des langues, dans

le développement des littératures, dans la diffusion des idées et du savoir. De la traduction orale des premiers temps à la traduction automatique moderne, un voyage fascinant.

BCILL 31: **G. JUCQUOIS**, *De l'egocentrisme à l'ethnocentrisme*, 421 pp., 1986. Prix: 1.100 FB. ISBN 2-87077-352-8.
La rencontre de l'Autre est au centre des préoccupations comparatistes. Elle constitue toujours un événement qui suscite une interpellation du sujet: les manières d'être, d'agir et de penser de l'Autre sont autant de questions sur nos propres attitudes.

BCILL 32: **G. JUCQUOIS**, *Analyse du langage et perception culturelle du changement*, 240 p., 1986. Prix: 640 FB. ISBN 2-87077-353-6.
La communication suppose la mise en jeu de différences dans un système perçu comme permanent. La perception du changement ets liée aux données culturelles: le concept de différentiel, issu très lentement des mathématiques, peut être appliqué aux sciences du vivant et aux sciences de l'homme.

BCILL 33-35: **L. DUBOIS**, *Recherches sur le dialecte arcadien*, 3 vol., 236, 324, 134 pp., 1986. Prix: 1.975 FB. ISBN 2-87077-370-6.
Cet ouvrage présente aux antiquisants et aux linguistes un corpus mis à jour des inscriptions arcadiennes ainsi qu'une description synchronique et historique du dialecte. Le commentaire des inscriptions est envisagé sous l'angle avant tout philologique; l'objectif de la description de ce dialecte grec est la mise en évidence de nombreux archaïsmes linguistiques.

BCILL 36: *Hethitica VII*, 267 pp., 1987. Prix: 800 FB.
Neuf articles de P. Cornil, M. Forlanini, G. Gonnet, R. Haase, G. Kellerman, R. Lebrun, K. Shields, O. Soysal, Th. Urbin Choffray.

BCILL 37: *Hethitica VIII. Acta Anatolica E. Laroche oblata*, 426 pp., 1987. Prix: 1.300 FB.
Ce volume constitue les *Actes* du Colloque anatolien de Paris (1-5 juillet 1985): articles de D. Arnaud, D. Beyer, Cl. Brixhe, A.M. et B. Dinçol, F. Echevarria, M. Forlanini, J. Freu, H. Gonnet, F. Imparati, D. Kassab, G. Kellerman, E. Laroche, R. Lebrun, C. Le Roy, A. Morpurgo Davies et J.D. Hawkins, P. Neve, D. Parayre, F. Pecchioli-Daddi, O. Pelon, M. Salvini, I. Singer, C. Watkins.

BCILL 38: **J.-J. GAZIAUX**, *Parler wallon et vie rurale au pays de Jodoigne à partir de Jauchelette*. Avant-propos de Willy Bal, 368 pp., 1987. Prix: 790 FB.
Après avoir caractérisé le parler wallon de la région de Jodoigne, l'auteur de ce livre abondamment illustré s'attache à en décrire le cadre villageois, à partir de Jauchelette. Il s'intéresse surtout à l'évolution de la population et à divers aspects de la vie quotidienne (habitat, alimentation, distractions, vie religieuse), dont il recueille le vocabulaire wallon, en alliant donc dialectologie et ethnographie.

BCILL 39: **G. SERBAT**, *Linguistique latine et Linguistique générale*, 74 pp., 1988. Prix: 280 FB. ISBN 90-6831-103-4.
Huit conférences faites dans le cadre de la Chaire Francqui, d'octobre à décembre 1987, sur: le temps; deixis et anaphore; les complétives; la relative; nominatif; génitif partitif; principes de la dérivation nominale.

BCILL 40: *Anthropo-logiques*, éd. D. Huvelle, J. Giot, R. Jongen, P. Marchal, R. Pirard (Centre interdisciplinaire de Glossologie et d'Anthropologie Clinique), 202 pp., 1988. Prix: 600 FB. ISBN 90-6831-108-5.

En un moment où l'on ne peut plus ignorer le malaise épistémologique où se trouvent les sciences de l'humain, cette série nouvelle publie des travaux situés dans une perspective anthropo-logique unifiée mais déconstruite, épistémologiquement et expérimentalement fondée. Domaines abordés dans ce premier numéro: présentation générale de l'anthropologie clinique; épistémologie; linguistique saussurienne et glossologie; méthodologie de la description de la grammaticalité langagière (syntaxe); anthropologie de la personne (l'image spéculaire).

BCILL 41: **M. FROMENT**, *Temps et dramatisations dans les récits écrits d'élèves de 5ème*, 268 pp., 1988. Prix: 850 FB.

Les récits soumis à l'étude ont été analysés selon les principes d'une linguistique qui intègre la notion de circulation discursive, telle que l'a développée M. Bakhtine.

La comparaison des textes a fait apparaître que le temps était un principe différenciateur, un révélateur du type d'histoire racontée.

La réflexion sur la temporalité a également conduit à constituer une typologie des textes intermédiaire entre la langue et la diversité des productions, en fonction de leur homogénéité.

BCILL 42: **Y.L. ARBEITMAN** (ed.), *A Linguistic Happening in Memory of Ben Schwartz. Studies in Anatolian, Italic and Other Indo-European Languages*, 598 pp., 1988. Prix: 1800,- FB.

36 articles dédiés à la mémoire de B. Schwartz traitent de questions de linguistique anatolienne, italique et indo-européenne.

BCILL 43: *Hethitica IX*, 179 pp., 1988. Prix: 540 FB. ISBN. Cinq articles de St. DE MARTINO, J.-P. GRÉLOIS, R. LEBRUN, E. NEU, A.-M. POLVANI.

BCILL 44: **M. SEGALEN** (éd.), *Anthropologie sociale et Ethnologie de la France*, 873 pp., 1989. Prix: 2.620 FB. ISBN 90-6831-157-3 (2 vol.).

Cet ouvrage rassemble les 88 communications présentées au Colloque International «Anthropologic sociale et Ethnologie de la France» organisé en 1987 pour célébrer le cinquantième anniversaire du Musée national des Arts et Traditions populaires (Paris), une des institutions fondatrices de la discipline. Ces textes montrent le dynamisme et la diversité de l'ethnologie chez soi. Ils sont organisés autour de plusieurs thèmes: le regard sur le nouvel «Autre», la diversité des cultures et des identités, la réévaluation des thèmes classiques du symbolique, de la parenté ou du politique, et le rôle de l'ethnologue dans sa société.

BCILL 45: **J.-P. COLSON**, *Krashens monitortheorie: een experimentele studie van het Nederlands als vreemde taal. La théorie du moniteur de Krashen: une étude expérimentale du néerlandais, langue étrangère*, 226 pp., 1989. Prix: 680 FB. ISBN 90-6831-148-4.

Doel van dit onderzoek is het testen van de monitortheorie van S.D. Krashen in verband met de verwerving van het Nederlands als vreemde taal. Tevens wordt uiteengezet welke plaats deze theorie inneemt in de discussie die momenteel binnen de toegepaste taalwetenschap gaande is.

BCILL 46: *Anthropo-logiques* 2 (1989), 324 pp., 1989. Prix: 970 FB. ISBN 90-6831-156-5.
Ce numéro constitue les Actes du Colloque organisé par le CIGAC du 5 au 9 octobre 1987. Les nombreuses interventions et discussions permettent de dégager la spécificité épistémologique et méthodologique de l'anthropologie clinique: approches (théorique ou clinique) de la rationalité humaine, sur le plan du signe, de l'outil, de la personne ou de la norme.

BCILL 47: **G. JUCQUOIS,** *Le comparatisme*, t. 1: *Généalogie d'une méthode*, 206 pp., 1989. Prix: 750 FB. ISBN 90-6831-171-9.
Le comparatisme, en tant que méthode scientifique, n'apparaît qu'au XIXᵉ siècle. En tant que manière d'aborder les problèmes, il est beaucoup plus ancien. Depuis les premières manifestations d'un esprit comparatiste, à l'époque des Sophistes de l'Antiquité, jusqu'aux luttes théoriques qui préparent, vers la fin du XVIIIᵉ siècle, l'avènement d'une méthode comparative, l'histoire des mentalités permet de préciser ce qui, dans une société, favorise l'émergence contemporaine de cette méthode.

BCILL 48: **G. JUCQUOIS,** *La méthode comparative dans les sciences de l'homme*, 138 pp., 1989. Prix: 560 FB. ISBN 90-6831-169-7.
La méthode comparative semble bien être spécifique aux sciences de l'homme. En huit chapitres, reprenant les textes de conférences faites à Namur en 1989, sont présentés les principaux moments d'une histoire du comparatisme, les grands traits de la méthode et quelques applications interdisciplinaires.

BCILL 49: *Problems in Decipherment*, edited by **Yves DUHOUX, Thomas G. PALAIMA and John BENNET**, 1989, 216 pp. Price: 650 BF. ISBN 90-6831-177-8.
Five scripts of the ancient Mediterranean area are presented here. Three of them are still undeciphered — "Pictographic" Cretan; Linear A; Cypro-Minoan. Two papers deal with Linear B, a successfully deciphered Bronze Age script. The last study is concerned with Etruscan.

BCILL 50: **B. JACQUINOD,** *Le double accusatif en grec d'Homère à la fin du Vᵉ siècle avant J.-C.* (publié avec le concours du Centre National de la Recherche Scientifique), 1989, 305 pp. Prix: 900 FB. ISBN 90-6831-194-8.
Le double accusatif est une des particularités du grec ancien: c'est dans cette langue qu'il est le mieux représenté, et de beaucoup. Ce tour, loin d'être un archaïsme en voie de disparition, se développe entre Homère et l'époque classique. Les types de double accusatif sont variés et chacun conduit à approfondir un fait de linguistique générale: expression de la sphère de la personne, locution, objet interne, transitivité, causativité, etc. Un livre qui intéressera linguistes, hellénistes et comparatistes.

BCILL 51: **Michel LEJEUNE,** *Méfitis d'après les dédicaces lucaniennes de Rossano di Vaglio*, 103 pp., 1990. Prix: 400,- FB. ISBN 90-6831-204-3.
D'après l'épigraphie, récemment venue au jour, d'un sanctuaire lucanien (-IVᵉ/-Iᵉʳ s.), vues nouvelles sur la langue osque et sur le culte de la déesse Méfitis.

BCILL 52: *Hethitica* X, 211 pp., 1990. Prix: 680 FB. Sept articles de P. CORNIL, M. FORLANINI, H. GONNET, J. KLINGER et E. NEU, R. LEBRUN, P. TARACHA, J. VANSCHOONWINKEL. ISBN 90-6831-288-X.

BCILL 53: **Albert MANIET**, *Phonologie quantitative comparée du latin ancien*, 1990, 362 pp. Prix: 1150 FB. ISBN 90-6831-225-1.
Cet ouvrage présente une statistique comparative, accompagnée de remarques d'ordre linguistique, des éléments et des séquences phoniques figurant dans un corpus latin de 2000 lignes, de même que dans un état plus ancien de ce corpus, reconstruit sur base de la phonétique historique des langues indo-européennes.

BCILL 54-55: **Charles de LAMBERTERIE**, *Les adjectifs grecs en -υς. Sémantique et comparaison* (publié avec le concours de l'Académie des Inscriptions et Belles-Lettres, du Centre National de la Recherche Scientifique et de la Fondation Calouste Gulbenkian), 1.035 pp., 1990. Prix: 1980 FB. ISBN tome I: 90-6831-251-0; tome II: 90-6831-252-9.
Cet ouvrage étudie une classe d'adjectifs grecs assez peu nombreuse (une quarantaine d'unités), mais remarquable par la cohérence de son fonctionnement, notamment l'aptitude à former des couples antonymiques. On y montre en outre que ces adjectifs, hérités pour la plupart, fournissent une riche matière à la recherche étymologique et jouent un rôle important dans la reconstruction du lexique indo-européen.

BCILL 56: **A. SZULMAJSTER-CELNIKIER**, *Le yidich à travers la chanson populaire. Les éléments non germaniques du yidich*, 276 pp., 22 photos, 1991. Prix: 1490 FB. ISBN 90-6831-333-9.

BCILL 57: *Anthropo-logiques 3* (1991), 204 pp., 1991. Prix: 695 FB. ISBN 90-6831-345-2.
Les textes de ce troisième numéro d'*Anthropo-logiques* ont en commun de chercher épistémologiquement à déconstruire les phénomènes pour en cerner le fondement. Ils abordent dans leur spécificité humaine le langage, l'expression numérale, la relation clinique, le corps, l'autisme et les psychoses infantiles.

BCILL 58: **G. JUCQUOIS - P. SWIGGERS** (éd.), *Comparatisme 3: Le comparatisme devant le miroir*, 155 pp., 1991. Prix: 540 FB. ISBN 90-6831-363-0.
Dix articles de E. Gilissen, G.-G. Granger, C. Hagège, G. Jucquois, H. G. Moreira Freire de Morais Barroco, P. Swiggers, M. Van Overbeke.

BCILL 59: *Hethitica XI*, 136 pp., 1992. Prix: 440 FB. ISBN 90-6831-394-0.
Six articles de T.R. Bryce, S. de Martino, J. Freu, R. Lebrun, M. Mazoyer et E. Neu.

BCILL 60: **A. GOOSSE**, *Mélanges de grammaire et de lexicologie françaises*, XXVIII-450 pp., 1991. Prix: 1.600 FB. ISBN 90-6831-373-8.
Ce volume réunit un choix d'études de grammaire et de lexicologie françaises d'A. Goosse. Il est publié par ses collègues et collaborateurs à l'Université Catholique de Louvain à l'occasion de son accession à l'éméritat.

BCILL 61: **Y. DUHOUX**, *Le verbe grec ancien. Éléments de morphologie et de syntaxe historiques*, 549 pp., 1992. Prix: 1650 FB. ISBN 90-6831-387-8.
Ce livre étudie la structure et l'histoire du système verbal grec ancien. Menées dans une optique structuraliste, les descriptions morphologiques et syntaxiques sont toujours associées, de manière à s'éclairer mutuellement. Une attention particulière a été consacrée à la délicate question de l'aspect verbal. Les données quantitatives ont été systématiquement traitées, grâce à un *corpus* de plus de 100.000 formes verbales s'échelonnant depuis Homère jusqu'au IVe siècle avant J.-C.

BCILL 62: **D. da CUNHA,** *Discours rapporté et circulation de la parole,* 1992, 231 pp., Prix: 740 FB. ISBN 90-6831-401-7.
L'analyse pragmatique de la circulation de la parole entre un discours source, six rapporteurs et un interlocuteur montre que le discours rapporté ne peut se réduire aux styles direct, indirect et indirect libre. Par sa façon de reprendre les propos qu'il cite, chaque rapporteur privilégie une variante personnelle dans laquelle il leur prête sa voix, allant jusqu'à forger des citations pour mieux justifier son propre discours.

BCILL 63: **A. OUZOUNIAN,** *Le discours rapporté en arménien classique,* 1992, 300 pp., Prix: 990 FB. ISBN 90-6831-456-4.

BCILL 64: **B. PEETERS,** *Diachronie, Phonologie et Linguistique fonctionnelle,* 1992, 194 pp., Prix: 785 FB. ISBN 90-6831-402-5.

BCILL 65: **A. PIETTE,** *Le mode mineur de la réalité. Paradoxes et photographies en anthropologie,* 1992, 117 pp., Prix: 672 FB. ISBN 90-6831-442-4.

BCILL 66: **Ph. BLANCHET** (éd.), *Nos langues et l'unité de l'Europe. Actes des Colloques de Fleury (Normandie) et Maiano (Prouvènço),* 1992, 113 pp., Prix: 400 FB. ISBN 90-6831-439-4.
Ce volume envisage les problèmes posés par la prise en compte de la diversité linguistique dans la constitution de l'Europe. Universitaires, enseignants, écrivains, hommes politiques, responsables de structures éducatives, économistes, animateurs d'associations de promotion des cultures régionales présentent ici un vaste panorama des langues d'Europe et de leur gestion socio-politique.

BCILL 67: *Anthropo-logiques* 4 1992, 155 pp. Prix: 540 FB. ISBN 90-6831-000-0.
Une fois encore, l'unité du propos de ce numéro d'*Anthropo-logiques* ne tient pas tant à l'objet — bien qu'il soit relativement circonscrit: l'humain (on étudie ici la faculté de concevoir, la servitude du vouloir, la dépendance de l'infantile et la parenté) — qu'à la méthode, dont les deux caractères principaux sont justement les plus malaisés à conjoindre: une approche dialectique et analytique.

BCILL 68: **L. BEHEYDT (red.),** *Taal en leren. Een bundel artikelen aangeboden aan prof. dr. E. Nieuwborg,* pp., 1993. Prix: FB. ISBN 90-6831-000-0.
Deze bundel, die helemaal gewijd is aan toegepaste taalkunde en vreemde-talen-onderwijs, bestaat uit vijf delen. Een eerste deel gaat over evaluatie in het v.t.-onderwijs. Een tweede deel betreft taalkundige analyses in functie van het v.t.-onder-wijs. Een derde deel bevat contrastieve studies terwijl een vierde deel over methodiek gaat. Het laatste deel, ten slotte, is gericht op het verband taal en cultuur.

SÉRIE PÉDAGOGIQUE DE L'INSTITUT DE LINGUISTIQUE DE LOUVAIN (SPILL).

SPILL 1: **G. JUCQUOIS**, avec la collaboration de **J. LEUSE**, *Conventions pour la présentation d'un texte scientifique*, 1978, 54 pp. (épuisé).

SPILL 2: **G. JUCQUOIS**, *Projet pour un traité de linguistique différentielle*, 1978, 67 pp. Prix: 170,- FB.
Exposé succinct destiné à de régulières mises à jour de l'ensemble des projets et des travaux en cours dans une perspective différentielle au sein de l'Institut de Linguistique de Louvain.

SPILL 3: **G. JUCQUOIS**, *Additions 1978 au «Projet pour un traité de linguistique différentielle»*, 1978, 25 pp. Prix: 70,- FB.

SPILL 4: **G. JUCQUOIS**, *Paradigmes du vieux-slave*, 1979, 33 pp. (épuisé).

SPILL 5: **W. BAL - J. GERMAIN**, *Guide de linguistique*, 1979, 108 pp. Prix: 275,- FB.
Destiné à tous ceux qui désirent s'initier à la linguistique moderne, ce guide joint à un exposé des notions fondamentales et des connexions interdisciplinaires de cette science une substantielle documentation bibliographique sélective, à jour, classée systématiquement et dont la consultation est encore facilitée par un index détaillé.

SPILL 6: **G. JUCQUOIS - J. LEUSE**, *Ouvrages encyclopédiques et terminologiques en sciences humaines*, 1980, 66 pp. Prix: 165,- FB.
Brochure destinée à permettre une première orientation dans le domaine des diverses sciences de l'homme. Trois sortes de travaux y sont signalés: ouvrages de terminologie, ouvrages d'introduction, et ouvrages de type encyclopédique.

SPILL 7: **D. DONNET**, *Paradigmes et résumé de grammaire sanskrite*, 64 pp., 1980. Prix: 160,- FB.
Dans cette brochure, qui sert de support à un cours d'initiation, sont envisagés: les règles du sandhi externe et interne, les paradigmes nominaux et verbaux, les principes et les classifications de la composition nominale.

SPILL 8-9: **L. DEROY**, *Padaśas. Manuel pour commencer l'étude du sanskrit même sans maître*, 2 vol., 203 + 160 pp., 2ᵉ éd., 1984. Epuisé.
Méthode progressive apte à donner une connaissance élémentaire et passive du sanskrit (en transcription). Chaque leçon de grammaire est illustrée par des textes simples (proverbes, maximes et contes). Le second volume contient un copieux lexique, une traduction des textes (pour contrôle) et les éléments pour étudier, éventuellement, à la fin, l'écriture nâgarî.

SPILL 10: *Langage ordinaire et philosophie chez le second WITTGENSTEIN. Séminaire de philosophie du langage 1979-1980*, **édité par J.F. MALHERBE**, 139 pp., 1980. Prix: 350,- FB. ISBN 2-87077-014-6.
Si, comme le soutenait Wittgenstein, **la signification c'est l'usage**, c'est en étudiant l'usage d'un certain nombre de termes clés de la langue du philosophe que l'on pourra, par-delà le découpage de sa pensée en aphorismes, tenter une synthèse de quelques thèmes majeurs des **investigations philosophiques**.

SPILL 11: **J.M. PIERRET**, *Phonétique du français. Notions de phonétique générale et phonétique du français*, V-245 pp. + 4 pp. hors texte, 1985. Prix: 550,- FB. ISBN 2-87077-018-9.
Ouvrage d'initiation aux principaux problèmes de la phonétique générale et de la phonétique du français. Il étudie, en outre, dans une section de phonétique historique, l'évolution des sons, du latin au français moderne.

SPILL 12: **Y. DUHOUX**, *Introduction aux dialectes grecs anciens. Problèmes et méthodes. Recueil de textes traduits*, 111 pp., 1983. Prix: 280,- FB. ISBN 2-87077-177-0.
Ce petit livre est destiné aux étudiants, professeurs de grec et lecteurs cultivés désireux de s'initier à la dialectologie grecque ancienne: description des parlers; classification dialectale; reconstitution de la préhistoire du grec. Quatorze cartes et tableaux illustrent l'exposé, qui est complété par une bibliographie succincte. La deuxième partie de l'ouvrage rassemble soixante-huit courtes inscriptions dialectales traduites et accompagnées de leur bibliographie.

SPILL 13: **G. JUCQUOIS**, *Le travail de fin d'études. Buts, méthode, présentation*, 82 pp., 1984. (épuisé).

SPILL 14: **J. VAN ROEY**, *French-English Contrastive Lexicology. An Introduction*, 145 pp., 1990. Prix: 460,- FB. ISBN 90-6831-269-3.
This textbook covers more than its title suggests. While it is essentially devoted to the comparative study of the French and English vocabularies, with special emphasis on the deceptiveness of alleged transformational equivalence, the first part of the book familiarizes the student with the basic problems of lexical semantics.

SPILL 15: **Ph. BLANCHET**, *Le provençal. Essai de description sociolinguistique et différentielle*, 224 pp., 1992. Prix: 740,- FB. ISBN 90-6831-428-9.
Ce volume propose aux spécialistes une description scientifique interdisciplinaire cherchant à être consciente de sa démarche et à tous, grand public compris, pour la première fois, un ensemble d'informations permettant de se faire une idée de ce qu'est la langue de la Provence.

SPILL 16: **T. AKAMATSU**, *Essentials of Functional Phonology*, with a Foreword by André MARTINET, XI-193 pp., 1992. Prix: 680 FB. ISBN 90-6831-413-0.
This book is intended to provide a panorama of *synchronic functional phonology* as currently practised by the author who is closely associated with André Martinet, the most distinguished leader of functional linguistics of our day. Functional phonology studies the phonic substance of languages in terms of the various functions it fulfils in the process of language communication.

SPILL 17: **C.M. FAÏK-NZUJI**, *Éléments de phonologie et de morphophonologie des langues bantu*, 163 pp., 1992. Prix: 550 FB. ISBN 90-6831-440-8.
En cinq brefs chapitres, cet ouvrage présente, de façon claire et systématique, les notions élémentaires de la phonologie et de la morphophonologie des langues de la famille linguistique bantu. Une de ses originalités réside dans ses *Annexes et Documents*, où sont réunis quelques systèmes africains d'écriture ainsi que quelques principes concrets pour une orthographe fonctionnelle des langues bantu du Zaïre.